# 向往的大学

## 全国优质大学全景指南

（上册）

赵爱平 ◎ 主编

湖南人民出版社·长沙

# 前 言

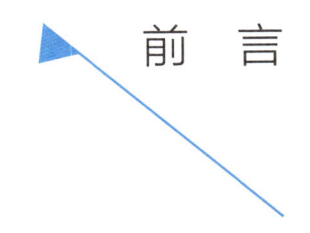

习近平总书记指出："世界强国无一不是教育强国，教育始终是强国兴起的关键因素。"高等教育则肩负着培养人才、促进科技发展与社会进步的重任。而对于学生来说，他们在大学所受的教育也深深影响着他们未来的人生。只是，在国内高校数量不断增多的情况下，选择也变得越来越具挑战性。因此，我们编撰了《向往的大学》这本书，希望能够帮助读者了解国内高校的基本情况，助力求学者找到适合自己的高等学府。

《向往的大学》收录了100所优质大学的详细介绍。这100所学校名气高、历史积淀深厚，在办学实力等方面也是相当强大的。当然，国内的优质大学绝不仅仅只有书中提及的这些，但考虑到篇幅的问题，我们仅收录了100所。收录原则是以各城市的"985""211"大学为主，"双一流"大学为辅，同时在一定程度上考虑到学校的多样性，收录内容尽可能涉及各个领域，做到全面、均衡。

本书所使用的资料来源广泛，包括大学官方网站、校园公众号、相关专业网站以及对学生的个人采访。像历史沿革、师资力量、学科建设、科研实力、录取规则、费用标准等资料来源于官方网站（录取规则、学费标准、住宿费用大多是参考2023年的标准），力求权威。而校友现身讲述自己心中的母校以及校园吃、住、社团等方面的信息，可能相对主观、感性，但我们也进行了多方核实，尽量确保信息真实、准确。另外，书中使用的图片均为实拍图，希望能为读者呈现出更为客观、具体的大学面貌，以便读者能够放心地参考。若出版后学校相关信息发生变化给读者带来不便以及书中某些观点与他人想法不符，我们在此表示遗憾，也敬请读者谅解。

知己知彼，方能百战不殆。对于正面临高考的学子来说，道理是相通的。我们相信，只有在了解了每所大学的优势与特色后，高考学子才能做出符合自己需求的选择，为未来的人生打下坚实的基础。对于非高考学子来说，这本书或许能激发他们对名校的向往，激励他们奋勇前行。也衷心祝愿每位学子都能梦想成真，走入心仪的大学，前程似锦，未来可期。

# 北京 BEI JING

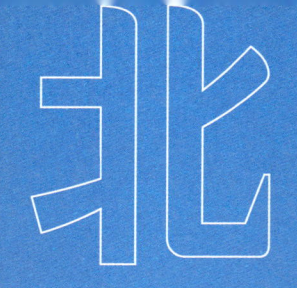

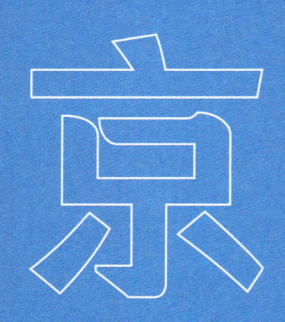

**中国农业大学**
一心向北的南方荔枝 / 027

**北京师范大学**
木铎金声一百年 / 032

**中央民族大学**
我的同学来自56个民族 / 037

**中国传媒大学**
我在白杨大道旁等你 / 042

**北京外国语大学**
我的同学来自地球村 / 047

**北京邮电大学**
传邮万里的精气神 / 052

**外交学院**
玲珑可爱的象牙塔 / 057

**中国人民公安大学**
机遇与挑战并存的选择 / 062

**中央美术学院**
爱、梦想与希望 / 066

**中央音乐学院**
奏响青春的乐章 / 071

**华北电力大学**
只为守护那片光明 / 076

**中国政法大学**
我们牛前见 / 081

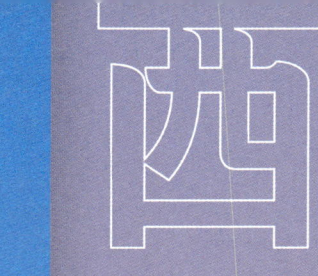

**北京大学**
这里，也有我的星辰和大海 / 002

**清华大学**
水木清华，无问西东 / 007

**中国人民大学**
今日还念"人大红" / 012

**北京航空航天大学**
不负青春，空天报国 / 017

**北京理工大学**
最不浪漫地浪漫着你 / 022

# 西安 XI AN

**西安交通大学**
梧桐不仅仅是深秋的代表 / 088

**西北工业大学**
春来海棠笑，为国铸剑强 / 093

**西北大学**
穷且益坚，不坠青云之志 / 098

**西安电子科技大学**
世外桃源里只争朝夕 / 103

**长安大学**
秦岭苍苍，八水泱泱，
古城之南，有我上庠 / 108

**陕西师范大学**
在这里，梦想开始启程 / 113

**空军军医大学**
绿色军营，嘹亮军歌 / 118

# 天津 TIAN JIN

**天津大学**
卫津路的春夏秋冬 / 124

**南开大学**
我是爱南开的 / 129

**天津医科大学**
读懂医学人特有的浪漫 / 134

**河北工业大学**
简约而质朴的工业人 / 139

**天津工业大学**
开启人生新篇章 / 143

# 沈阳 SHEN YANG

**东北大学**
逐梦沈水之畔 / 150

**辽宁大学**
银杏树下来相见 / 155

# 哈尔滨 HA ER BIN

# 长春 CHANG CHUN

**哈尔滨工业大学**
创造的源头，传承的纽带 / 162

**哈尔滨工程大学**
路在脚下，心怀理想 / 167

**吉林大学**
他的肩上也落下了雪 / 174

**东北师范大学**
就让静湖的花，
芬芳你怒放的瞬间 / 179

# 大连 DA LIAN

# 济南 JI NAN

**大连理工大学**
那片不知名的金黄叶子 / 186

**大连海事大学**
漂洋过海去见你 / 191

**山东大学**
气有浩然的山大红 / 198

**中国石油大学（华东）**
太阳女神耀石油 / 203

# 郑州 ZHENGZHOU

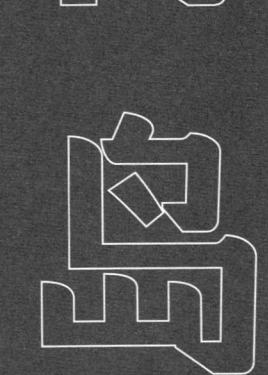

**郑州大学**
醇真如眉湖，细节见人文 / 210

**河南大学**
梦回明伦，
与大师共沐千秋之文韵 / 215

# 青岛 QINGDAO

**中国海洋大学**
白鸥掠过风霜雨雪 / 222

# 兰州
LAN ZHOU

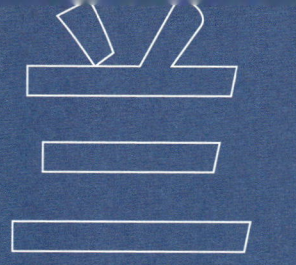

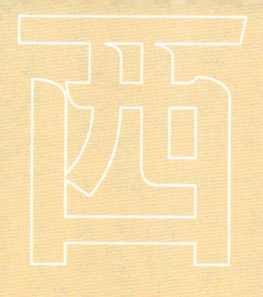

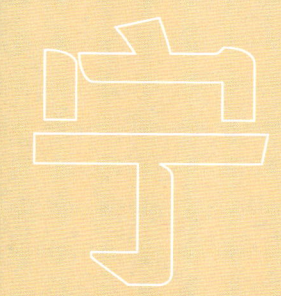

**兰州大学**
下一站，兰州大学 / 228

# 西宁
XI NING

**青海大学**
青大的四季，惬意且自在 / 236

# 太原

TAI YUAN

**太原理工大学**
三晋大地，一枝独秀 / 242

# 乌鲁木齐

WU LU MU QI

**新疆大学**
我那身在边陲却风景瑰丽的母校 / 248

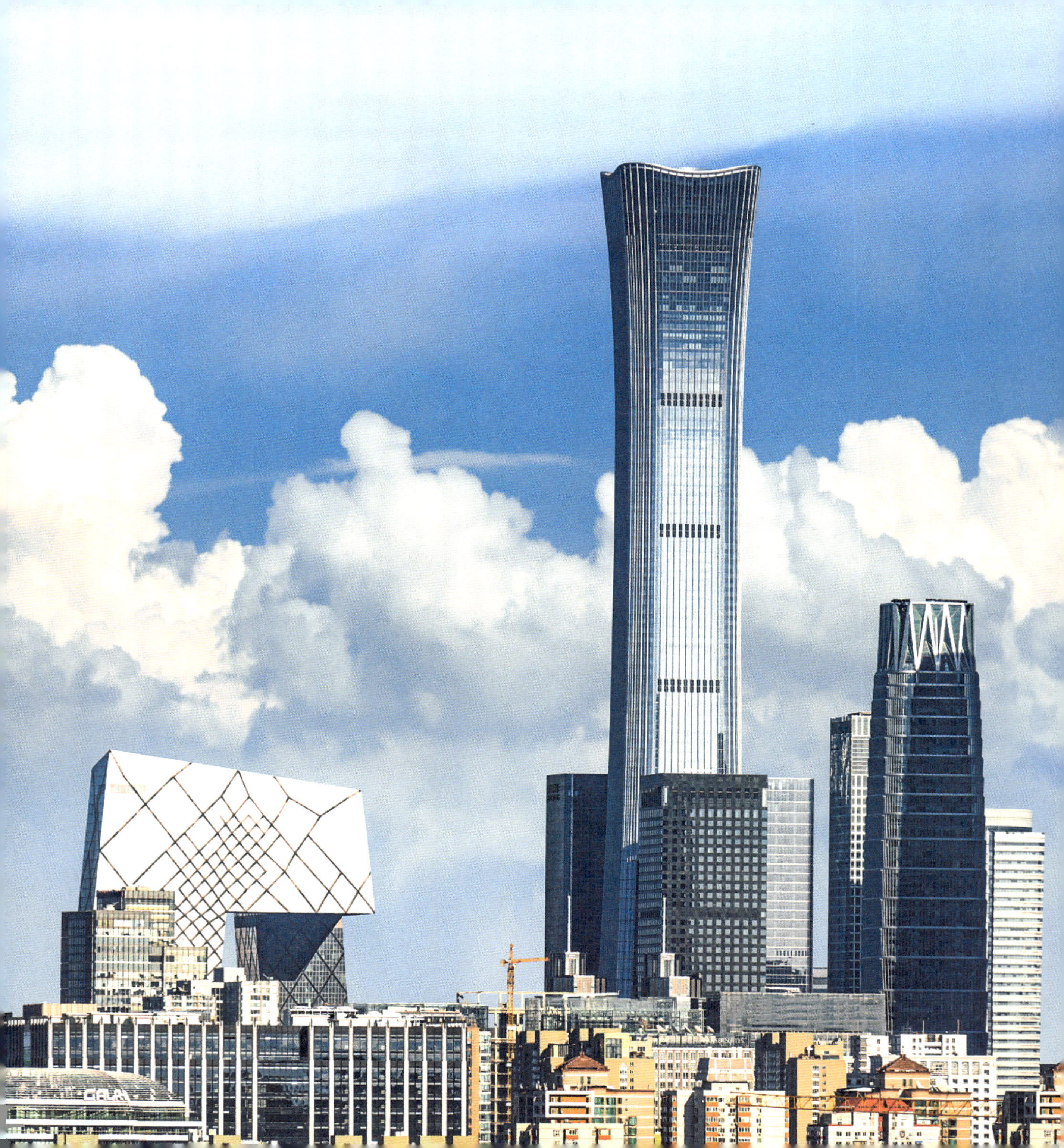

# 北京
## BEI JING

「校友印象」

PEKING UNIVERSITY

# 北京大学

## 这里，
## 也有我的星辰和大海

虽然在网络上看过不少北京大学的图片，但只有身临其境，才能感受到那种无法言说的震撼。来到北京大学校门口，可以看到书写着"北京大学"四个字的牌匾高高挂在校门的上方，匾上绘有色彩艳丽的独特花纹，显得庄严大气又具有浓厚的历史气息。一瞬间，我仿佛望见了京师大学堂的身影，看到了那一段段如海浪般席卷而来的红色历史。

这扇大门就像一位富有学识的老者，用一双饱经风霜的慈目望着路过的学子，我的心突然间颤抖了一下。

这一瞬间，我下定决心，一定要在这里找到自己想要的宝藏。

我们学校一直以来都是以文理学科为主、基础研究见长，在百年来的历史长河中，从红楼到现在的燕园，这里涌现了一大批振兴民族的中流砥柱，他们就像天上的星辰那般耀目。虽然校园地址发生了变化，但是在北大这片肥沃的土壤里，各种各样富有生命力的学子在茁壮成长着，我们以永不言弃的信念为肥料，以热爱的事物为养分，朝着自己梦想的星辰大海进发，这完美地诠释了北大兼容并包、敢为人先的精神。

我身边的同学都十分优秀，他们在自己专业领域所向披靡，在自己感兴趣的领域也颇有建树，我也一直追着他们的步伐、追着北大的步伐在默默努力着。学校影响着学生，学生成就着学校，我想，就是这种感觉吧。

北大是美丽而又独具特色的，她现在所在的燕园是以前燕京大学的校址，胡适曾感慨，这是世界上最美的校园。由此可见，北大不但实力雄厚，具有深厚的文化底蕴和爱国特色，她的校园风光也是极其优美的。首先需要提及的就是博雅塔，博雅塔在设计之时是颇受争议的。有人认为塔是属于寺庙的，但另一方面，这座塔确实可起到水塔的作用，而在设计师看来，这是一种富有特色的"中国元素"。于是，博雅塔仿通州古塔而建，做成了八角密檐式，极显悠然自得，像一个慈眉善目的老者，站在湖畔，看着日落月升。在太阳落山的时候，橘色的暮光洒在塔身，又让人感受到一种恬淡自如。这样一座富有诗意的塔，后来果真成为北大的一大标志性建筑。

除了博雅塔，图书馆和未名湖也算是北大的"名片"。北大图书馆有着120余年的历史，是亚洲高校中规模最

大的图书馆，如今改造后，外形具有古典韵味，颇具历史厚重感，内里的环境也特别好，有足够的书籍和阅读空间。没课的时候我可以在这里坐一下午，读起书来酣畅淋漓、津津有味。

我亦喜欢沿着未名湖畔慢走，未名湖石静静地伫立在湖畔，看着日升月落，看着所有学子满面笑容地从这里走过。抬头看去，垂下的细柳迸发着无限生机，水波粼粼，协同两岸青翠欲滴的绿林蔓延到博雅塔下，活像一幅优美的风景画。平素不喜欢照相的我也忍不住拍了一张，偷偷发了一个仅自己可见的朋友圈，等以后我快遗忘这里的样子时，再打开看，估计心里会泛起别样的涟漪。

北京大学我还没有走完，但仅窥见这些我就已经十分满足。未来的日子，我会慢慢走，细细品，将在这里学习生活的时光深深地刻在我的脑海里。

## 兼容并包，思想自由

### ★ 北京大学

北京大学前身为京师大学堂，创办于1898年，是戊戌变法的产物，也是中华民族救亡图存、兴学图强的结果，是中国近现代第一所国立综合性大学，辛亥革命后，于1912年改为现名。1917年，著名教育家蔡元培就任北京大学校长，他"循思想自由原则，取兼容并包主义"，对学校进行了卓有成效的改革，促进了思想解放和学术繁荣。陈独秀、李大钊、毛泽东以及鲁迅、胡适、李四光等一批杰出人士都曾在学校任教或任职。在悠久的文明历程中，古代中国曾创立太学、国子学、国子监等国家最高学府，在中国和世界教育史上具有重要影响。北京大学"上承太学

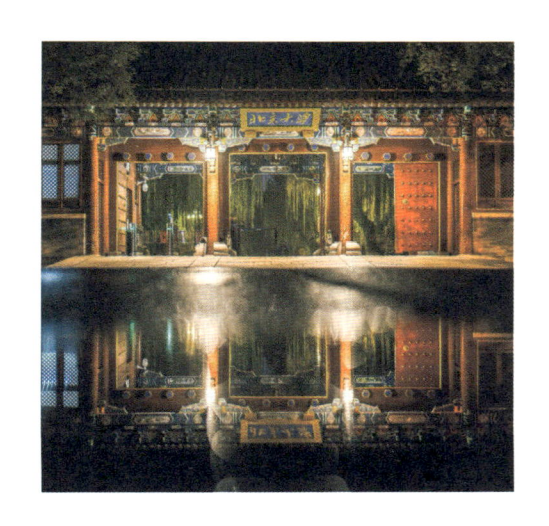

正统，下立大学祖庭"，既是中华文脉和教育传统的传承者，也标志着中国现代高等教育的开端。

北京大学是国家"985工程""211工程""双一流"建设高校，学科涵盖多个门类。学校图书馆藏书上千万册，中文古籍多达160万册，其中20万册是5至18世纪的珍贵书籍。

北京大学有41个学科入选"双一流"建设学科，分别为哲学、理论经济学、应用经济学、法学、政治学、社会学、马克思主义理论、心理学、中国语言文学、外国语言文学、考古学、中国史、世界史、数学、物理学、化学、地理学、地球物理学、地质学、生物学、生态学、统计学、力学、材料科学与工程、电子科学与技术、控制科学与工程、计算机科学与技术、环境科学与工程、软件工程、基础医学、临床医学、口腔医学、公共卫生与预防医学、药学、护理学、艺术学理论、现代语言学、语言学、机械及航空航天和制造工程、商业与管理、社会政策与管理。北京大学科研实力雄厚，设有人工微结构和介观物理国家重点实验室、蛋白质与植物基因研究国家重点实验室等众多科研平台。

## 报考须知

### 🎓 生活在北京大学：

北大有数十个餐厅，囊括了西餐、中餐、清真菜等，每天有600多种菜品供学生选择。食堂的饭菜不仅好吃，而且实惠，学生只要花3元钱左右就能吃一顿非常饱的早餐，一份炸鸡腿套餐饭也仅10元钱左右。不过北大最有名的还是燕南食堂，由于身处图书馆、哲学楼、光华楼、大讲堂的交汇处，所以有很多同学会就近选择在这里吃饭。一到饭点燕南食堂常常座无虚席，而争分夺秒的学霸为了节约时间，一般随便找个地方站着就把饭吃完了，这就是北大的"站饭文化"，不光是学生这样，很多泰斗教授也是如此。

北大本科生一般住在季羡林先生笔下的燕园，宿舍多为四人间，一般会提供衣柜、书桌、空调、暖气，且带有阳台，但无独立卫浴。不过每层楼会配备公共洗漱间、卫生间与淋浴房，供应热水，另外学校还设有大型澡堂、洗衣房等公共区域，澡堂内有储物柜与吹风机，在一些宿舍的一楼也会有免费的微波炉供学生使用。

北大特色的热门选修课不少，比如运动、营养与减肥课，学生选课都需要"抢"，毕竟既减肥又能拿学分的课不多。在这门课上，老师会教你用科学的方法健康减肥，据说曾有位同学在课堂上成功减重20多斤。在电子游戏通论课上，老师会让大家了解游戏发展史、健康游戏心理等相关知识，有时还会请业内行家来讲解互动。

在北大的生活绝不会无趣，有 200 多个学生社团供同学们选择加入，每年学校也会组织丰富的文体活动，如新年晚会、十佳歌手大赛、剧星风采大赛、国际文化节、五四诗歌朗诵等。

### 第四轮教育部评定 A+ 学科：

哲学、应用经济学、政治学、社会学、心理学、中国语言文学、外国语言文学、艺术学理论、考古学、世界史、数学、物理学、化学、地理学、大气科学、生物学、统计学、力学、计算机科学与技术、基础医学、口腔医学。

### 学费标准：

理科试验班类、文科试验班类、计算机类、电子信息类、生物科学类专业为 5300 元/学年，其他专业为 5000 元/学年。

### 住宿费用：

750～1200 元/学年。

### 录取规则：

1. 考生在思想政治品德考核和身体健康状况检查合格、统考成绩达到同批录取控制分数线的情况下，北京大学依据进档的考生统考成绩，按从高分到低分的顺序录取。

2. 北京大学在各省（区、市）专业录取时按考生的投档分和专业志愿进行录取。若考生投档分数相同，按各省（区、市）确定的同分排序规则进行录取。

3. 北京大学在录取提前批次的考生时，按考生的投档分和专业志愿进行录取，不调剂。在符合北京大学投档要求的考生投档分数相同且北京大学公布的计划数不足时，按各省（区、市）同分排序规则顺次进行录取，未录取考生予以退档。提前批次录取的外语类专业考生入学后不能转入非外国语言文学类专业，提前批次录取的其他考生入校后不能转专业。

4. 北京大学对高考成绩达到录取标准、身体条件能够完成所报专业学习、生活能够自理的残疾考生，予以正常录取。

5. 北京大学普通高考外语类专业只招收英语语种考生。

「校友印象」

TSINGHUA UNIVERSITY

# 清华大学

水木清华，
无问西东

"惠风荡繁囿，白云屯曾阿。景昃鸣禽集，水木湛清华。"晋人谢混在上千前创作了这首诗，而如今的清华大学，将"水木湛清华"的诗意展现得恰如其分。

我在清华大学的这些年里，最大的感触是她满腹"才情"又专于工科，人文技术两手抓，培育了不少有信仰又有能力的学子。那一批批从这里走出的人，在各个领域发光发亮，这离不开学校历史文化的熏陶，也离不开老师们的谆谆教诲。

我想用四个字来形容这所学校的气质和外表，也就是清华有名的"水木清华"，这四字和清华最相配，她如一个富有才情的女子，你走到哪处，都能感受到她深厚的文化底蕴，都能体会到她的诗情画意。

我平素最爱去的便是水木清华了，两座古亭在山林的遮掩下，显得幽静又阴凉。坐在亭中思考，静静地感受微风拂面，看着枝叶摇晃，不知不觉中，不会解的题有了思路，不会写的稿子顿时灵感迸发，不想再提的烦心事瞬间烟消云散。这里是我灵魂休憩的地方，每当我觉得特别疲惫的时候就会坐在这里，趴在栏杆上小憩一会儿，醒了之后，天也放晴了。我特别喜欢园中的这片荷塘，虽然不能重走朱自清先生走过的那条小煤屑路，也看不到他看过的月下的那片荷塘，但看着塘中摇曳着的片片荷叶，似乎看到了阵阵微风。风让荷叶颤动，颤动的荷叶给予了微风姿态与形状，二者相互呼应又相互成就，给整个清华园都增添了一抹生机。而片片圆叶上的颗颗银色水珠更是神来之笔，它们在日光下熠熠生辉，别有一番意趣。

清华的大礼堂同样颇具特色，它是一座古典建筑，既有罗马建筑的辉煌与大气，又有古希腊晚期建筑的情调，两种风格结合，尽显清华坚定朴实的风采。

而庄严肃穆的科学馆不但奠定了校园欧式建筑风格的基础，还为学校的发展奠定了物质基础，这里有着先进的理科教学设备以及健全的实验场所，多少灵感在这里迸发，多少学生在这里领会物理的精髓，多少梦想从这里出发。这栋楼里，曾经走出过数十位中国科学院院士。每当我站到科学馆前，都不由得肃然起敬，因为这里为清华理工科的发展打下了良好的基础。

朱自清的《荷塘月色》描写了近百年前清华园月下的荷塘，抒发了他不满现实渴望自由的愁绪与情思。同时，在他婉约清雅的笔调下，清华园夜间静谧优美的环境，也体现得淋漓尽致。如今，清华依旧不失当年风韵，于我而言，她可以洗涤我的灵魂，安抚我躁动的内心，给予我对未来的无限想象，而这，就是清华让我领略到的"才情"。

清华育人的特色在于务实，比起那些泛泛而谈的理念，清华认为技术更能改善人们的生活，更能让社会快速发展，所以学校致力于工科技术的研究，培育了一位又一位技术人才。

在接下来的大学生涯里，我要深入领略她的满腹"才情"，同时打磨自身的技术，成为学校拿得出手的毕业生。

现在，我为学校自豪，未来，我想要她因我而欣慰。

## 自强不息，厚德载物

★ **清华大学**

清华大学历史悠久，前身为始建于 1911 年的清华学堂，1912 年更名为清华学校，1928 年更名为国立清华大学，1937 年抗日战争全面爆发后南迁长沙，与北京大学、南开大学组建为国立长沙临时大学，1938 年迁至昆明改名为国立西南联合大学，1946 年迁回清华园。1999 年中央工艺美术学院并入，成为清华大学美术学院。2012 年，中国人民银行研究生部并入，成为清华大学五道口金融学院。百余年来，清华大学一直秉持"自强不息、厚德载物"的校训和"行胜于言"的校风，为社会培养了数十万名优秀毕业生，贡献突出，在"两弹一星"功勋奖章获得者中，就有 14 位成员是来自清华的校友。

清华大学是国家"985工程""211工程""双一流"建设高校,学校共设22个学院,59个系,91个本科专业,是一所具备理学、工学、文学、艺术学、历史学、哲学、经济学、管理学、法学、教育学、医学和交叉学科等多个学科门类的综合性、研究型、开放式大学。清华大学占地超7000亩,图书馆藏书580余万册。学校有学生6万余人,教职工1.6万余人。

清华大学学科与科研实力雄厚,"双一流"建设学科共有34个,分别为法学、政治学、马克思主义理论、数学、物理学、化学、生物学、力学、机械工程、仪器科学与技术、材料科学与工程、电气工程、信息与通信工程、控制科学与工程、计算机科学与技术、建筑学、土木工程、水利工程、化学工程与技术、核科学与技术、环境科学与工程、生物医学工程、动力工程及工程热物理、城乡规划学、风景园林学、软件工程、管理科学与工程、工商管理、公共管理、设计学、会计与金融、经济学和计量经济学、统计学与运筹学、现代语言学。科研平台方面,清华大学设有国家研究中心1个、全国(国家)重点实验室18个、国家工程研究中心(实验室)15个等。

## 报考须知

### 🎓 生活在清华大学:

清华大学有10余个食堂,大小餐厅上百家,选择丰富,在菜品上厨师也是想方设法做新花样,有同学表示四年的校园生活里自己竟然都没能把食堂吃个遍,实属遗憾。紫荆园是清华最大的学生食堂,可同时容纳3000多人就餐,建筑面积超17亩,内有广东风味、韩式风味、东南亚风味等风味小吃,还有淮扬菜、北京菜、海南鸡饭、东北菜、鲁菜、川湘菜等基本菜式以及清真菜,花样多、种类杂。桃李园被称为"夜宵之魂",除供应早午晚餐外还提供夜宵,另外,三楼还有大小包间提供,最大的包间可容纳80人左右,是班级、社团聚会的好去处。

清华大学拥有华北地区最好、国内高校中规模最大的学生宿舍群,也就是紫荆公寓。紫荆公寓由高低错落的各式现代化建筑组成,周边栽种有国槐、法桐、银杏、松柏、紫薇、丁香、月季、黄杨等数十种乔灌木和花草,环境宜人,高层还配有电梯。宿舍为标准的四人间,配备空调等设施。学校还在一些区域内设置了公共空间，比如学术交流室、瑜伽室、健身房、自习室、休闲会客厅、琴房等，为学生学习和生活提供了很大的便利。

在清华，学霸的眼里可不仅仅只有读书，这里有200多个学生社团可供参加，还有无数的文体活动与讲座在校园内开展，完全可以填满他们学习之余的生活。选修课方面，有能够锻炼学生思维的围棋课，还有注重培养学生的整合性研究与实践能力的产品与服务设计课，这些课程都颇受学生喜爱。

### 第四轮教育部评定 A+ 学科：

马克思主义理论、化学、生物学、力学、机械工程、仪器科学与技术、材料科学与工程、动力工程及工程热物理、电气工程、控制科学与工程、计算机科学与技术、建筑学、水利工程、核科学与技术、环境科学与工程、城乡规划学、风景园林学、管理科学与工程、工商管理、公共管理、设计学。

### 学费标准：

美术学类、设计学类专业为10000元/学年，其他专业为5000元/学年。

### 住宿费用：

750～900元/学年。

### 录取规则：

在考生思想政治品德考核合格、身体健康状况符合相关专业培养要求、高考投档成绩达到本省（区、市）本科一批录取控制分数线［合并本科批次的省（区、市）执行其相关规定］且符合清华大学调档要求的情况下，学校参考考生综合素质评价和学业水平考试成绩，根据考生高考投档成绩从高分到低录取。对于投档成绩相同的考生，按照各省级招生主管部门确定的同分排序规则进行录取。

清华大学按照国家相关规定，与军队联合招收、培养"双学籍"飞行学员。清华大学在军队飞行院校新生中择优录取学生进入"飞行学员班"学习。"飞行学员班"实行综合评价录取，综合评价成绩包括高考相对成绩、飞行筛选成绩、心理质量成绩，男、女飞行学员分别排序。"飞行学员班"采取"3+1"模式，学生在清华大学先行学习三年后，在军队飞行院校再行学习一年。

清华大学普通高考外语类专业仅招收英语语种考生。

「校友印象」

RENMIN UNIVERSITY OF CHINA

# 中国人民大学

## 今日还念
### "人大红"

中国人民大学是新中国时期建立的第一所新型正规大学,在我国历史上渲染了一抹独特的红,也就是"人大红"。

从方正大气的东校门进去,迎面是"实事求是"校训石,继而向前,一栋简洁大方的灰色仿苏式大楼映入眼帘,那正是见证了人大所有历史的求是楼,楼前的两棵绿松也成了标志性景观。求是楼曾以"西直门外第一楼"名动整个城市,上过《人民日报》,每当站在它面前时,我便情不自禁湿了眼眶。在我眼里,求是楼不仅仅是一栋教学楼,更像一位德高望重的老爷爷,从70年前开始,陪伴着莘莘学子一步一步走向未来,和人大共同抵御寒冬酷暑以及风霜雨雪。

人大老校区主楼灰一楼作为中国人设计建造的第一座巴洛克式建筑,在人大历史上同样有举足轻重的地位,正是在这里人大迎来了第一批学子,他们的欢声笑语曾在灰一楼里回荡,他们充满求知欲的眼神也曾被灰一楼见证。

回首过去,便更让人想要铭记今昔。一个晴朗的下午,我抱着相机先后去了明德楼、人文楼以及一勺池。布满阳光的明德楼,让"人大红"更加明媚动人,站在明德广场仰拍明德楼,更加能体会到它的宏伟与壮观,这栋经常出现在学校明信片上的教学楼,已然成为我们学校一张特有的名片。虽然不及求是楼和灰一楼那么具有历史底蕴,但明德楼现如今的地位亦不可小觑,所以我要拍下它最好看的样子,等几十年以后,我可以自豪地告诉我的后辈,这是我的母校独有的红色。人文楼虽然不如明德楼那般宏伟高大,但也有着独特气质。傍晚时分,在夕阳的笼罩下,人文楼像披了一层金色薄纱,温婉端庄,令人迷恋。走进位于世纪馆的一勺池,我很难想象,遍布高大宏伟建筑的人大,还有这么小的一个水池,就像它的名字那般,似乎真的只有一勺那么大。此处虽小,但在绿树的掩映下也别有一番风味,人们喜欢在这里乘凉闲聊,给人大添足了生活气息。

从中国人民大学这个校名就可以知晓,我们学校"又红又专",这里是"人民共和国建设者"的摇篮、人文社会科学高等教育的重镇、马克思主义教学与研究的高地,这所学校有着与众不同的气质,而这里的学子亦是一心向党,一心为国。红色是学校的底色,爱国更是精神力量,而这一栋栋承载着学校历史的楼宇,无一不彰显了这份底色和精神。这些建筑也与环境完美地融为一体,让人大富有人文气息的同时,又给我们提供了舒适的学习环境。

看着这一张张照片,我由衷地感谢人大。

以后,我会反复翻阅这些照片,不会让"人大红"在我的脑海里褪色,也不会忘记我在这里的美好时光。

## 新中国第一儒家学府

### ★ 中国人民大学

中国人民大学前身是 1937 年诞生于抗日战争烽火中的陕北公学，以及后来的华北联合大学和北方大学、华北大学。学校始终与党和国家同呼吸、共命运，始终受到党中央的亲切关怀和高度重视。陕北公学时期，毛泽东同志非常关心学校办学工作，先后 10 次来校发表演讲，他曾说："中国不会亡，因为有陕公。"1949 年 12 月 16 日，中央人民政府政务院根据中共中央政治局的建议，决定组建中国人民大学。从陕北公学时期至今，学校共培养了 38 万多名高水平建设者和各行各业优秀人才。新中国法学、新闻学等学科的第一位博士，人文社会科学第一位外国留学生博士，第一批政治经济学、世界经济、货币银行学、统计学等专业的博士皆出自中国人民大学。

中国人民大学是国家"985 工程""211 工程""双一流"建设高校，是一所以人文社会科学为主，兼有部分理工学科的综合性研究型全国重点大学。学校占地 7500 亩，设有 80 余个本科专业。截至 2024 年 1 月，学校有全日制学生 2.8 万余人，专任教师近 2000 人，其中 22 人是第八届国务院学位委员会学科评议组成员，47 人入选新一届教育部教学指导委员会委员，132 人入选国家重大人才工程。此外，全国高等教育领域仅有的两位"人民教育家"国家荣誉称号获得者卫兴华教

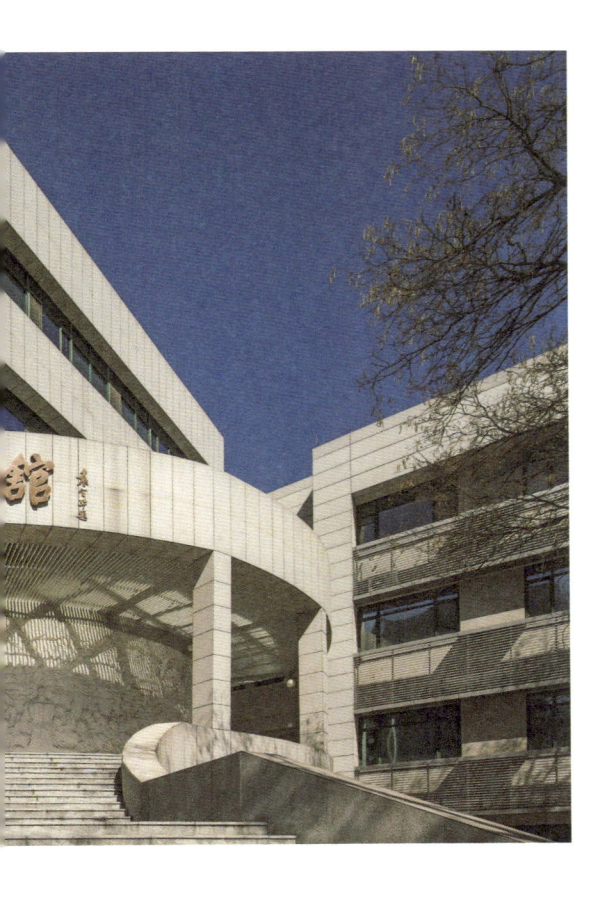

授和高铭暄教授均出自中国人民大学。

中国人民大学的哲学、理论经济学、应用经济学、法学、政治学、社会学、马克思主义理论、新闻传播学、中国史、统计学、工商管理、农林经济管理、公共管理、图书情报与档案管理等14个学科已入选"双一流"建设学科。另学校设有数据工程与知识工程教育部重点实验室、量子态构筑与测控教育部重点实验室等科研平台。

## 报考须知

### 生活在中国人民大学：

东区食堂算是人大学子心中排名第一的食堂，其地理位置极佳，离教学楼很近，每到饭点便人头攒动，学生在这里可以吃到各种风味美食，如手抓饼、烤冷面等。北区食堂最受欢迎的是早餐，其品种丰富，花样繁多，有同学称自己四年的早餐基本是在这里解决的。集天餐厅是人大的网红餐厅，其出品的"秘制烤猪蹄"色香味俱全，不仅颇受人大学子喜爱，也令校外人士羡慕不已。人大食堂还有颇具特色的"人大馒头"与"人大月饼"，它们比普通的馒头与月饼更大，也将人大实事求是的风格体现得淋漓尽致。

品园楼群是人大最好的宿舍楼，品6则算是其中的"公主楼"，宿舍为六人间，内为上床下桌布局，带独立阳台，每个楼层安装有洗衣机、洗鞋机等。楼内还配备了开水房，楼下有公共浴室以及大学生服务区，生活上还是比较便利的。

每个人大学子都有在选课季蹲守在计算机前抢课的经历，毕竟有趣的选修课都十分抢手，稍有迟疑就只能等下学期了，比如考古纪录片的制作与欣赏课、葡萄酒文化与艺术课都颇受学生欢迎。在考古纪录片的制作与欣赏课上，老师不仅会讲授考古学的基本常识，展示相关标本以及开展模拟实验，还会邀请专业的纪录片导演到课堂上分享如何制作纪录片，同时也会组织学生到考古发掘现场，以此来增加学生对考古的认知和兴趣。人大的学生社团有很多，有性与性别研究社、自由舞者协会、棒垒球协会、流浪动物之家协会、文渊汉服社、相声社、红楼梦协会等。

### 第四轮教育部评定 A+ 学科：

理论经济学、应用经济学、法学、社会学、马克思主义理论、新闻传播学、统计学、工商管理、公共管理。

### 学费标准：

外语类专业为 6000 元 / 学年，艺术类专业为 10000 元 / 学年，中法学院专业为 60000 元 / 学年，其他专业均为 5000 元 / 学年。

### 住宿费用：

一般为 650 ～ 1200 元 / 学年，但中法学院学生住宿费在国内期间约为 2200 元 / 学年，在法国期间按照法方高校标准执行。

### 录取规则：

对于符合学校录取标准的考生，学校按照投档成绩由高分到低分排队进行录取。高考改革省（区、市）投档考生须满足学校选考科目要求。投档成绩相同时，按各省（区、市）确定的同分排序细则进行录取；同分排序后仍完全相同的，学校将按预留计划录取。

确定录取专业时，不设置分数级差。考生分科类（或选考科目或首选科目组）按投档成绩排队，从高分到低分按照各专业招生计划录取。投档成绩相同时，按各省（区、市）确定的同分排序细则录取。

对所填专业志愿都无法满足的考生，如果服从专业调剂，则调剂到招生计划尚未完成的专业。对所填专业志愿都无法满足又不服从调剂的考生，作退档处理。

按照顺序志愿投档的批次，在第一志愿考生生源不足的情况下，学校可接收非第一志愿考生。

英语、俄语、日语、德语、法语、西班牙语专业只招收全国统一高考科目中外语为英语语种的考生；法语（中外合作办学）专业只招收英语或法语语种的考生。

「校友印象」

BEIHANG UNIVERSITY

# 北京航空航天大学

## 不负青春，空天报国

这里是梦开始的地方，这里是梦启航的地方。作为一个曾怀揣着航天梦的学子，"航空救国"仿佛离我十分遥远。但当你走在北航的校园中，当你被严谨务实的北航人的精神环绕时，你只会想呐喊"不负青春，空天报国"。

不负青春，空天报国。作为新中国第一所航空航天高等学府，北航一直被称作"红色航空工程师的摇篮"。无数前辈和有志之士从这里出发，在理想与责任的激励下挥洒汗水，在知识与学问的助力下展翅高飞，书写下一段又一段传奇故事，组成了一幅恢宏的北航群像，为我校带来骄傲和荣光。这种骄傲和荣光，藏在北航校园每个角落的建筑里，藏在气势恢宏的新主楼中，藏在绿园深处的雕像里。在北航，随处可见代表前辈遗志和精神的雕像和刻碑，它们影响了无数北航人，也时刻提醒着北航人，吾辈青春正好，当志存高远，心系家国，不负青春之名，空天报国。

不负青春，空天报国。如果你来北航，你会发现，北航的学术氛围和科研氛围都是极其浓厚的。你会发现，你总会遇见一群特别优秀的同学，其中有人或许在未来的某一天真能研究出宇宙飞船，他们把"尚德务实，求真拓新"的精神，践行得十分彻底。他们不是前辈，他们和你一样是学子，和你一样没有三头六臂，却时时刻刻用行动表示着不负青春之名，空天报国的决心。你还有什么理由不被感染呢？

不负青春，空天报国。璀璨又壮阔的八字箴言，仿佛嘹亮的军号一样激励着每个人。但如果你以为北航人都是埋头苦干、木讷又无趣的书呆子，那就大错特错了。

北航人的浪漫藏在初春绿园的荷花池里，藏在深秋金灿灿的银杏树下，藏在晨兴音乐厅每周的音乐剧和话剧表演里。除此之外，当你伴着草木清香在北航的操场上散步时，看到一架架高科技智能新机在操场上空飞行，有人在暮色中的草地上恣意欢笑，你就会知道，北航人绝不是木讷的。他们是务实的，也是可爱的；他们是严谨的，也是优雅浪漫的。他们把生活中的诗意化作真切的行动力，只为实现不负青春之名，空天报国的梦想。啊，这梦想本身

## 仰望星空，追随真理

★ 北京航空航天大学

北京航空航天大学历史悠久，1951年，为培养航空建设人才，国家决定将北洋大学、厦门大学、西北工学院航空系并入清华大学航空工程学系，成立清华大学航空学院，将云南大学航空系并入四川大学航空系，将西南工专航空科并入华北大学工学院航空系。1952年，北京工业学院航空系（1951年11月18日，华北大学工学院更名为北京工业学院）、清华大学航空学院、四川大学航空系合并成为北京航空学院。1988年，北京航空学院更名为北京航空航天大学。建校70多年来，北航为国家培养了大批学术精英、兴业人才和治国栋梁，为国家主流行业和骨干单位输送了20多万名优秀毕业生。

北京航空航天大学是新中国第一所航空航天高等学府，是国家"985工程""211工程""双一流"建设高校。学校涵盖工、理、管、文、法、经、哲、教育、医、交叉等多个学科门类，设有80个本科专业。学校

就是一件好浪漫的事！

我的校友曾说，不管是对于北航的学子，还是中国的社会，乃至整个世界的航空航天事业，北航都如火焰，点燃了一切。我不清楚北航是不是有那么大的力量，能够点燃一切，但它确实点燃了过去无数北航人的梦想，也将点燃现在和将来千千万万北航人的梦想。这千千万万人的梦想之力，日复一日，终将化作熊熊火焰，在宇宙彼岸化成几个醒目的大字——不负青春，空天报国。

占地约 4000 亩，图书馆印刷型书刊资料有 300 多万册。截至 2024 年 3 月，学校有全日制学生 3.7 余人，教职工 6000 余人，其中专任教师 3000 余人、各类国家重大人才工程入选教师 408 人（574 人次）、院士 35 人。

北京航空航天大学的"双一流"建设学科有力学、仪器科学与技术、材料科学与工程、控制科学与工程、计算机科学与技术、交通运输工程、航空宇航科学与技术、软件工程共 8 个。在科研机构方面，学校深度参与了 8 个国家实验室的建设，并设有 10 个国家级科技创新基地等；同时，北航在尖端技术研究领域始终居于国内高校前列，研制发射（试飞）成功的多种型号飞行器填补了国内多项空白，如中国第一架轻型旅客机"北京一号"、亚洲第一枚探空火箭"北京二号"、中国第一架无人驾驶飞机"北京五号""蜜蜂"系列飞机等。

## 报考须知

### 🎓 生活在北京航空航天大学：

北航学院路校区的食堂集中在 3 栋建筑物内，西区有以小碗菜闻名的学一食堂，以风味菜系为特色的学四食堂，以服务少数民族同学为主的清真餐厅以及环境幽雅的合一厅。而北区有兼顾南北菜系、各式汤品以及带电子显示屏滚动显示菜价的学五食堂，还有集合了各种不同风格菜品的学三食堂与学六食堂。东区有提供基本保障型餐饮的学二食堂，这里的食物价格便宜、味道又好，而且靠近教学楼，地理位置优越；教工餐厅也位于东区，不过在午餐时间，该食堂仅对教工开放。

北航的宿舍基本为四人间，内为上床下桌布局，带有小阳台，配备空调、柜子等设施，冬天也会集中供暖。每个楼层有卫生间与洗漱间，公共浴室与洗衣房则设置在每栋宿舍楼的底层。此外，宿舍楼一般会设置自习室。

北航共有上百个学生社团，学生在这里总能找到志同道合的朋友。像彩虹明天公益社、朝阳支教协会、心起点实践社还在2022年"榜样100"全国大学生社团评选中获得过"最佳大学生社团"奖。成立10余年的彩虹明天公益社号召大家关爱弱势群体，也组织开展了许多志愿服务。比如社区治理综合实践、留守儿童云上帮扶、弱势群体特殊关爱、航空航天知识宣讲、偏远山区短期支教、绿色环保植树造林等，为社会贡献了自己的力量。北航开设的选修课中，婚姻恋爱家庭课每年都会被"抢爆"，易经文化源流课也非常受学生的喜爱，值得一提的是后者是一位化学老师开设的课程。

### 第四轮教育部评定 A+ 学科：

仪器科学与技术、材料科学与工程、航空宇航科学与技术、软件工程。

### 学费标准：

社会科学试验班、外国语言文学类和工商管理专业为5000元/学年；设计学类专业本科一年级8000元/学年，本科二年级至四年级为10000元/学年；其他专业为5500元/学年（软件工程专业本科三、四年级学费为15000元/学年）。

### 住宿费用：

650~1200元/学年。

### 录取规则：

在考生思想政治品德考核合格、身体健康状况检查合格并符合相关专业培养要求、成绩达到相应批次录取控制分数线，符合学校调档要求的情况下，学校依据考生投档成绩、专业志愿和学校专业志愿分配政策，由高分至低分录取并确定专业，不设专业志愿级差。考生投档成绩相同时，优先按各省（区、市）确定的同分排序细则进行排序,若相关批次无同分排序细则或相关省(区、市)有特殊要求的,则依次比较语文、数学、外语、综合[高考综合改革省（区、市）为三门选考科目总分]科目分数排序。

学校在录取时，往届生与应届生一视同仁；除飞行技术专业外，无男女生比例限制。

学校英语专业要求外语语种为英语，德语专业要求外语语种为英语或德语，法语专业要求外语语种为英语或法语，飞行技术专业相关要求详见学校发布的飞行技术专业招生简章，其他专业对外语语种均不限制。

「校友印象」

BEIJING INSTITUTE OF TECHNOLOGY

# 北京理工大学

## 最不浪漫地
### 浪漫着你

如果把北京理工大学比喻成人的话，在我看来，他就像一个五大三粗的老大哥，肩上扛着炮，在你手足无措时站在你身边，高声笑着说："放心，有我在！"

这是我还没去北理工前对北理工的第一印象，"制造武器""导弹研发""弹药工程""爆炸技术""装甲车辆与工程"……这些关键词就像弹幕一样在我脑海里飘过，一个颇具安全感的老大哥形象瞬间浮现在了我的脑海里。

这也太帅了！不愧是我国当仁不让的武器制造"一哥"，于是我下定决心一定要学兵器科学与技术。我反对战争，但如果研究武器制造能够对保卫国土安全起到一些作用，我非常想就这样奉献一生。谁承想，我偷偷改好的志愿在老妈的再三要求之下又改了回去，最后我只能学产品设计。

虽然非常遗憾，但我还是很开心自己能跨进北理工的大门。北理工就像一个不懂浪漫的"直男"，连教学楼的取名都直白而"大胆"："理教""综教"还算中规中矩，虽说不出众，可也不会出错；但"组团楼""圆形教学楼"实在是令人哭笑不得。换个角度想，也是颇具特色了。

不过，北理工并不缺温柔气质。譬如工训楼旁满墙的粉色蔷薇，在天气逐渐暖和的时候，那一朵朵粉色的花急不可耐地探出头，热烈地绽放了足足百米；雨后清晨，这些娇嫩的花朵也不似往日那般锋芒毕露，它们微微耷拉着脑袋，花瓣上还残存着晶莹的雨水，似乎将争奇斗艳的想法完全抛至了脑后，这样反而为它们添了几分破碎感，让人不由得怜惜起来。浓浓的蔷薇香也在清新的空气中打转，味道扑鼻而来，令人心旷神怡，从此你便对它们欲罢不能。就这样，每年花季我都要在这里闭眼漫步，享受着从北理工偷来的这一丝浪漫。

北湖则给我们提供了散步的好去处，晚饭后，迎着夕阳围着湖畔打转，不仅消了食，也消解了心中难理的愁绪。湖面的天鹅，目中无人的样子能把人气得半死。而我总想着有朝一日能消一消它们的气焰，在屡战屡败后，我终于说服了自己，它们在湖面趾高气扬，与我有何干系。后来锦鲤成了我的新宠，因为我一挥手它们便来，一挥手它们又去，不失为一桩趣事。那一瞬间我也领悟到，永远不要太在意那些得不到的人和事，珍惜眼前才是最重要的。

虽然我没能学兵器科学与技术这个专业，但学习产品设计同样可以让我在社会上发光发热；虽然北理工不像其他学校有很多出圈的标志性建筑，但我在这里细嗅了浪漫的蔷薇香；虽然北理工不像别的学校拥有很多的文化特色，但他的王牌专业永不褪色。北理工还有高大威猛的装甲战车，有美轮美奂的北理桥，有渲染金秋的马褂木。

这些在别人眼里微不足道的每一处，或许毫无浪漫可言，但于我而言，却是别样的浪漫。

## 延安根，军工魂

★ **北京理工大学**

北京理工大学的前身是 1940 年诞生于延安的自然科学院，是中国共产党历史上第一个开展自然科学教学与研究的专门机构。毛泽东同志亲自题写校名，无产阶级革命家李富春，无产阶级革命家、教育家徐特立，无产阶级革命家、无线电专家、经济专家李强等先后担任学校主要领导。1949 年，学校迁入北京。1952 年，定名为北京工业学院，成为新中国第一所国防工业院校。1988 年，更名为北京理工大学。建校 80 余年来，北京理工大学始终传承着"延安根、军工魂"的红色基因，"德以明理、学以精工"的校训，为党育人、为国育才。在 30 余万名毕业生中，有李鹏、曾庆红、叶选平等党和国家领导人，有 140 余位省部级以上党政领导和将军，有国家最高科学技术奖获得者王小谟、我国第一艘核潜艇总设计师彭士禄等 80 余位院士以及一大批科教英才、时代先锋和治国栋梁。学校也曾创造出第一枚二级固体高空探测火箭、第一台大型天象仪等新中国科技史上多个"第一"，始终在打造国家战略科技力量上展现担当作为，为科技创新、国家发展和社会文明进步做出了重要贡献。

北京理工大学是中国共产党创办的第一所理工科大学，是国家"985 工程""211 工程""双一流"建设高校，学科涵盖 9 个门类，设有 22 个专业学院，7 个书院，78 个本科专业。学校总面积超 4500 亩，图书馆藏书 284 万册。截至 2023 年 12 月，学校有全日制学生 3 万余人；有教职工 5800 余人，其中专任教师 2600 余人，两院院士 42 名。

第二轮"双一流"建设大学名单显示，北京理工大学的"双一流"建设学科有物理学、材料科学与工程、控制科学与工程、

兵器科学与技术共4个。科研平台方面，北京理工大学承建国家科技创新平台27个，并建设有自主智能无人系统全国重点实验室、爆炸科学与技术国家重点实验室等一批高水平科研平台。

## 报考须知

### 🎓 生活在北京理工大学：

北理工良乡校区共有4个食堂，东区的良乡四号食堂有以家常菜为主的大众伙食，也有饺子、香河肉饼等特色美食，以及自助餐、新疆炒米粉等风味菜，还有早餐、夜宵供应。北区的良乡二号食堂会随着四季变化菜品，这里同样有夜宵供应，包括烤鱼、烧烤等美食。清真食堂的清真水饺、黄焖鸡米饭等食物的味道都非常不错，价格也很实惠，因此深受学子喜爱。

北理工宿舍大楼设有人脸识别系统，学生出入都得刷脸，宿舍设置了门禁时间，学生晚归超过3次会被通报到学院。宿舍一般为四人间，均为上床下桌布局，带有空调等设施，而且每层宿舍楼配备有洗衣机以及带隔间的浴室，非常方便。另外，北理工实行的是书院制管理，注重全方位、交叉式的人才培养，书院有专属的活动社区，大家可以在社区进行沉浸式学习、讨论、思考等。

北理工有趣的选修课很多，陶瓷制作课、电影艺术欣赏、性健康教育等课程都很受学子喜爱。北理的社团种类很丰富，有些社团也会经常举办一些有意义的活动。比如护航者协会，作为一个专注于关爱弱势儿童、传播公益理念、专注支教、注重大学生与儿童共同成长的公益社团，协会每年都会到偏远乡村进行暑假支教，也会到学校附近的农民工子弟学校进行日常支教；除此之外，还会组织流动儿童元旦联欢会，与孩子们进行信件交流的"解忧杂货铺"活动等。

### 第四轮教育部评定 A+ 学科：

兵器科学与技术。

### 学费标准：

经济管理试验班、法学、经济学、社会工作专业为 5000 元 / 学年；外语类专业为 6000 元 / 学年；设计学类专业（不含工业设计专业）为 10000 元 / 学年；社会科学试验班大类招生未分流前学费暂按照 5000 元 / 学年标准执行，待专业分流确定后，按照实际专业学费标准补收差额部分；其余专业为 5500 元 / 学年；中外合作办学专业有 57000 元 / 学年、78000 元 / 学年等不同标准。

### 住宿费用：

四人间一般为 1200 元 / 学年。

### 录取规则：

在考生思想政治品德考核和身体健康状况检查合格，符合北京理工大学投档要求的情况下，北京理工大学依据考生投档分从高分到低分录取并安排专业，各专业志愿之间不设级差。

非高考综合改革省（区、市）考生投档分整数位相同时按相关科目排队择优确定专业：文史类考生依次比较语文、数学、文综、外语，理工类考生依次比较数学、语文、理综、外语。

高考综合改革试点省（区、市）投档分整数位相同的考生安排专业时参考相应招生考试机构同分投档的规则执行。河北省、辽宁省、浙江省、山东省、重庆市考生由相应招生考试机构按其有关规定直接投档到专业；北京市、天津市、上海市、江苏省、福建省、湖北省、湖南省、广东省、海南省考生由相应招生考试机构按其相关规定投档。

「校友印象」

CHINA AGRICULTURAL UNIVERSITY

# 中国农业大学

## 一心向北的
### 南方荔枝

大学辅导员发来收到的荔枝照片，她说荔枝颗颗晶莹剔透，滋味清甜，大家吃得很开心。我再次体会到了丰收的喜悦，于是拍了树上挂满的火红荔枝给她看，她看到视频里的我不禁感慨我晒黑了，也成熟了。

我低头看自己，确实晒黑了不少。这就像一场梦，刚进中国农业大学的时候，我对自己的专业还有所抗拒，但现在的我，无论白天黑夜心里想的都是这个培育基地里的荔枝，这放在以前，我连想都不敢想。

我本来是想学动物医学的，但最后阴差阳错去学了农学，这与我设想的人生大相径庭，而我对农学也有着一定的刻板印象，改变我的是辅导员给我上的一次就业指导课。当时她并没有拉着我苦口婆心地对农学夸夸其谈，而是带着我去试验田采摘了一些丝瓜、西红柿、青椒什么的，不由分说地借用食堂让我DIY了一顿简单实在的午餐。

等吃完之后她问我有什么感受，我并不能说出个所以然来。我的厨艺实在不佳，差点糟蹋了这么新鲜的好食材，只能回她一句挺甜。她笑了起来，说这些都是她自己种的。我有些惊讶，辅导员学的专业和农学根本就不搭边，平时看着也是一副岁月静好、十指不沾阳春水的样子，怎么看都不像会下地给这些蔬菜施肥、打药的人。她说她想了解这个专业，所以恶补了很多知识，还亲自去体验了一番，如果没有来到农大，她不可能有这样的机会。

"和植物对话是一个治愈的过程。"她这样告诉我，还说等我吃到自己种的东西，一定会有另外一番美好的体验。

农学确实又苦又累，等待"开花结果"的过程漫长又枯燥，但老师亲手种出来的果蔬，却是如此清甜。我听了她的话，尝试接触这个专业。随后，铺天盖地的知识如潮水般向我涌来。我在其中畅游，时而惊叹，时而望而生畏，又时而踌躇满志。从捧读书本到接触土壤，从书写试卷到采摘果实，这个专业有着扎根于土壤的独特魅力，有趣又接地气，越深入越令人着迷。

在吃到自己用双手培育出的第一颗果子时，我真正地爱上了它。

我迫不及待地提着那袋果子去找辅导员，没想到她看到我说的第一句话是"第一次看到你笑得这么开心"。

辅导员没有漂亮精致的脸庞，从来都是素面朝天，最喜欢穿的也是格子衫、阔腿裤，不时尚不起眼。但是，她在我眼里，是最美的老师。她有一双明亮清澈的眼睛，有一颗温柔赤诚的心，永远信任我们、包容我们。而农大，在我心目中也是如此，朴实温暖又永远蓬勃向上。她无愧那句"解民生之多艰，育天下之英才"，我也会把我所学到的知识运用到培育基地中去，让那荔枝更加火红甜蜜！

## 情系乡土，忧患苍生

★ **中国农业大学**

中国农业大学肇始于1905年成立的京师大学堂农科大学。1949年9月，北京大学农学院、清华大学农学院和华北大学农学院合并成为北京农业大学。1952年10月，北京农业大学农业机械系与华北农业机械专科学校、中央农业部机耕化农业专科学校、平原省农学院合并成为北京农业机械化学院，1985年10月更名为

北京农业工程大学。1995年9月，北京农业大学和北京农业工程大学合并组建为中国农业大学。国富民殷、强农为本，解民生之多艰，育天下之英才，是学校百年不变的追求，在百年的办学历程中，学校也为国家培养了13万余名合格的毕业生，办学质量和办学水平得到了社会各界的广泛认可。

中国农业大学是国家"985工程""211工程""双一流"建设高校，作为一所以农学、生命科学、农业工程和食品科学为特色和优势的研究型大学，中国农业大学形成了特色鲜明、优势互补的农业与生命科学、资源与环境科学、信息与计算机科学、农业工程与自动化科学、经济管理与社会科学等学科群。学校图书馆藏书超200万册。截至2023年8月，学校共设有18个学院、1个实体教学单位和1个直属系，涉及农学、工学、理学、经济学、管理学、法学、文学等7大学科门类。学校有全日制本科生1.3万余名，全日制研究生1.2万余名，专任教师2000余名。

第二轮"双一流"建设大学名单显示，中国农业大学"双一流"建设学科有生物学、农业工程、食品科学与工程、作物学、农业资源与环境、植物保护、畜牧学、兽医学、草学共9个。科研机构方面，学校有17个国家级科研平台，包括9个国家重点实验室，1个国家工程实验室，2个国家工程技术研究中心，1个国家级研发中心，1个国家级国际联合研究中心，3个国家野外科学观测研究站，129个省部级科研平台，113个省部级重点实验室/研究中心/基地等。

## 报考须知

### 🎓 生活在中国农业大学：

中国农大食堂有着"京城第一食堂"之称。身为中国农大学子，每天最纠结的问题可能就是"今天吃什么"了。学校有10余个食堂，从冷菜到热菜、从韩餐到日料、从中餐到西餐，样样俱全。如果食堂没有能满足你的，你还可以写信到校长信箱，你想吃的菜很有可能第二天就会出现在盘子里。此外，中国农大的水果新鲜又便宜，它们很可能就是你的学长学姐自己种的。每逢节日食堂还会推出特色食品，如手工青团、粽子、校徽月饼等，这是中国农大人的节日仪式感。总而言之，身为中国农大学子好幸福！

中国农大男生宿舍均为上床下桌的六人间，带空调，冬天还会供应暖气。女生宿舍有A、B座两栋楼：A座为上下铺布局的六人间，带独卫；B座为上床下桌布局的六人间，无独卫。A、B座冬天均会使用中央空调供暖。同时，宿舍楼内均配备洗衣机、公共浴室等。

学校非常注重学生综合素质的培养，

而丰富多彩的校园文化则起着十分积极的作用。学校共有80多个学生社团，可谓百花齐放。书画社组织举办的"百米长卷献礼建团百年"活动曾被教育部中国大学生在线官方报道；行知剧社的原创话剧《稼穑之歌》，曾斩获全国"金刺猬大学生戏剧节"唯一最高奖项"金刺猬"奖，这些都展现了中国农大青年学子良好的精神面貌。另外，中国农大也不缺爆款选修课，比如中国饮食文化漫谈课。不过在上课之前你最好要吃饱，不然听着听着就饿了。

### 第四轮教育部评定 A+ 学科：

农业工程、食品科学与工程、作物学、畜牧学、兽医学、草学。

### 学费标准：

2023年本科（含港澳台地区）农学、园艺、园林、植物保护、动物科学、草业科学、动物医学类、水产养殖学、设施农业科学与工程等专业学费为3000元/学年，国际经济与贸易（中外合作办学）、传播学（中外合作办学）、农林经济管理（中外合作办学）等专业学费按北京市中外合作办学收费标准收取，其余专业学费为5000元/学年。

### 住宿费用：

900～1200元/学年。

### 录取规则：

学校对普通类招生的进档考生（内蒙古自治区考生除外）的专业安排以投档成绩作为主要依据，采取分数优先的原则，根据考生成绩和专业志愿，从高分到低分录取。分数相同的考生竞争同一专业时，将依次比较语文、数学、外语、理科综合(简称理综)/文科综合(简称文综)科目的成绩，优先录取单科成绩高者，直至完成该专业计划。综合改革省（区、市）以高中学业水平等级性考试中选测科目的最高成绩作为理综(文综)成绩进行比较。

考生所有专业志愿都无法满足时，若服从专业调剂，则参考考生成绩、所报专业倾向等调剂到其他按志愿未能录取满额的专业；若不服从专业调剂，作退档处理。第一志愿实施平行志愿的省（区、市）如投档考生服从专业调剂一般不予退档。

报考英语专业的考生，外语语种要求为英语。其他专业不限语种。

「校友印象」

BEIJING NORMAL UNIVERSITY

# 北京师范大学

## 木铎金声
### 一百年

2001年，中科院天文台发现了一颗新的小行星，这颗小行星被命名为"北师大星"。作为一名北师大人，我可以骄傲地说我的母校有属于自己的行星。而生活在北师大这颗"星球"上的师生，也一直在为我国的教育事业贡献自己的力量。

所谓"十年树木，百年树人"，描绘的就是北师大人的一生执着。"木铎金声一百年"，启功老先生曾给北师大送上了这样一句话。南广场的木铎，就是北师大的标志，以木铎自喻，以引领我国教育事业为己任，是北师大的使命与担当。

自建校以来，这所学校从来都不缺学术界大师。鲁迅先生、启功先生、陈垣校长，他们都曾在北师大留下足迹。遥想当年，他们在北师大的课堂上神采飞扬，意气风发，如今的他们化身为北师大学子的精神偶像，陪伴我们度过每个春夏秋冬。

在北师大，我们的主业是学习。"学为人师，行为世范"，是我们终生的校训，更是为人处世的准则。在北师大，从来都不缺学习的场所，也不缺格物致知的学子，更不缺热爱生活的青年，会学习，爱生活，这是我们最基本的能力。

图书馆的学习氛围浓厚，安静而略显紧张，在沙沙作响的翻书声中，我们仿佛在进行一场无声的竞赛。如果你喜欢晨读，那么可以选择去教九楼旁边的小花园里，在那里可以感受春风的和煦，秋风的凉爽，书香伴着花香，意境感满满。不过男生一般喜欢去邱季端体育馆，他们在二楼自习后也能直接奔赴运动场，方便快捷。在北师大，就连食堂都能摇身一变成为学习空间。在新乐群食堂的长条椅上，晚上经常有同学进行着激烈的学术讨论。

四年的大学时光即将结束，6月的毕业季，校园的空气中仿佛弥漫着淡淡的伤感，这时候的我们，都期盼着岁月的齿轮能够转得慢一点。北师大的学子，一部分当然会继续深造，而另一部分则会选择回去建设自己的家乡。只有走向基层，才能真正地学以致用，才能更好地认识自己。在乡间小道上，在祖国大漠边，处处都能见到北师大学子躬身践行的身影。

桃李不言，下自成蹊。我愿与北师大这颗"小星球"一起发光发热，与北师大人一起共谱新的百年篇章，待山花烂漫时，待硕果累累时，再相见！

## 中国第一所师范大学

★ 北京师范大学

北京师范大学的前身是1902年创立的京师大学堂师范馆，1908年改称京师优级师范学堂，1912年改名为北京高等师范学校，1923年更名为北京师范大学，成为中国历史上第一所师范大学。1931年、1952年北平女子师范大学、辅仁大学先后并入北京师范大学。百余年来，北京师范大学始终同中华民族争取独立、自由、民主、富强的进步事业同呼吸、共命运，在"五四运动""一二·九运动"等爱国运动中发挥了重要作用。以李大钊、鲁迅、梁启超、钱玄同、吴承仕、黎锦熙、陈垣、范文澜、侯外庐、白寿彝、钟敬文、启功、胡先骕、汪堃仁、周廷儒等为代表，一大批名师先贤在这里弘文励教。经过百余年的发展，学校秉承"爱国进步、诚信质朴、求真创新、为人师表"的优良传统和"学为人师、行为世范"的校训精神，形成了"治学修身，兼济天下"的育人理念。

北京师范大学是一所以教师教育、教育科学和文理基础学科为主要特色的著名学府，是国家"985工程""211工程""双一流"建设高校。学校有着文、理、工、管等协调发展的综合性学科布局，下设3个学部、28个学院、2个系、9个研究院（所、中心）、5个书院，有77个本科专业。学校图书馆馆藏图书有559万余册，电子图书有924万余册。截至2023年10月，学校有全日制学生3万多人；有专任教师2600余人，其中两院院士5人。

北京师范大学的"双一流"建设学科有哲学、教育学、心理学、中国语言文学、

外国语言文学、中国史、数学、地理学、系统科学、生态学、环境科学与工程、戏剧与影视学共计12个。学校重视人文社科科研和科技创新，拥有国家高端智库试点单位1个、国家重点实验室4个、国家工程研究中心1个、国家野外科学观测研究站1个、国家级协同创新中心1个、国家教材建设重点研究基地5个、国家国际科技合作基地1个、铸牢中华民族共同体意识研究培育基地1个、国家语言文字推广基地1个、教育部重点实验室10个等。

## 报考须知

### 🎓 生活在北京师范大学：

北师大的食堂中，新乐群食堂应该是人气最旺的地方，它其实是四个食堂的集合。新一的面食窗口经常要排队，重庆小面、烤冷面味道都很不错，还有卖了40多年的魁梧包子，也是北师大食堂必尝的食物。新一的第二层是自助称重、无感支付的智慧餐厅，该餐厅可以根据个人就餐明细生成报告，计算卡路里等数值，指引同学们更为科学健康地用餐。新二的菜品选择十分丰富，有火锅、麻辣烫、烤鱼等，算是融合多元美食文化的大本营。用餐时间之外，学生还可以在新二进行自习、交流讨论。新三不仅有基本菜式，也有精致的各色炒菜、烧鸭饭、麻辣香锅。新四则以小吃闻名，麻辣烫、炊饼、牛肉汤、焖锅、汤锅一应俱全。

北师大的宿舍有四人间、六人间，在冬天，学校会集中给宿舍供暖，学生可以比北京市居民更早享受到暖气。宿舍楼一般有公共浴室、饮水机、自动洗衣机、微波炉等配套设施，而且每栋宿舍楼都配备了服务室，有报纸、小型维修工具、医疗急救箱等物品，有需要的同学可以自行去领用。另外，宿舍楼也会配备自习室，临近期末的考试周期间24小时开通，一定程度上缓解了图书馆的压力。

在北师大，学生不仅能学到专业知识，还能在课堂上学习做菜、理发等技能。比如在中餐课上，同学们需要穿着厨师服、厨师帽，学习亲手处理食材、烹制菜品；在理发课上，同学们会化身发型师，在人头模型上学习理发。不仅如此，北师大还有许多社团活动可以参加。像京狮跑团，虽然成立只有几年时间，但成员人数却在持续增加，每年社团也会组织各种越野赛事以及马拉松赛事，为校园带来了许多的活力。

### 第四轮教育部评定 A+ 学科：

教育学、心理学、中国语言文学、戏剧与影视学、中国史、地理学。

### 学费标准：

艺术类专业为 8000～10000 元/学年，外语类专业为 6000 元/学年，其他专业为 4800～5400 元/学年。

### 住宿费用：

一般不超过 1200 元/学年。

### 录取规则：

学校遵循分数优先原则，依据进档考生的高考成绩（文化课成绩，不含政策性加分，下同）和专业志愿安排考生专业录取，各专业志愿之间无分数级差。在内蒙古自治区实行"分数清"录取规则。在专业招生规模允许的范围内，学校可根据考生专业志愿情况适度调整专业招生计划。

对于进档考生，在高考成绩相同的情况下，优先录取相关科目分数高者。相关科目分数比较顺序：文史类考生依次比较语文、数学、文科综合、外语，理工类考生依次比较数学、语文、理科综合、外语。实施高考综合改革省（区、市）的排序规则按各省（区、市）确定的投档同分排序规则执行。考生的高中综合素质评价在同排位（高考成绩相同且同分排序相同）考生录取专业时作为参考。

对于符合录取要求且服从调剂的考生，在无法满足其专业志愿时，根据专业计划差额、考生高考成绩并参考其所报考专业志愿，安排调剂录取专业。

「校友印象」

MINZU UNIVERSITY OF CHINA

# 中央民族大学

## 我的同学来自 56 个民族

在高校如林的北京，有一所学校毗邻国家图书馆、紧挨中关村。来自全国 56 个民族的学子齐聚于此，像石榴籽一样紧紧团结在一起。这所学校的节奏不是那么快，但它的文化多元，环境宽松而自由，这就是我的母校——中央民族大学。

中央民族大学的校园环境古朴，人文氛围很浓厚，这在民大的建筑中也得到了很好的体现。大礼堂是学校的标志性建筑，其主要设计者是建筑学家梁思成先生，它采用了灰墙红窗瓦盖的古典式样，细节部位的彩画独具匠心，民族特色十足。

在民大，除了有同学情，还有跨越民族的兄妹情、姐弟情、师生情。即便民族不同，我们也能互称兄弟姐妹，没有隔阂。多元的民族文化在这里得以交融，得以升华，形成了中华民族和而不同的"大文化"。也正是因为有着对民族文化海纳百川般的包容，中华民族才有了今日的伟大，才能始终屹立于世界民族之林。虽然各民族的语言各具特色，但各民族的歌曲都悠扬动听，各民族的舞蹈都优美灵动，这在民大的校园里也能亲身体会到。

短暂的四年大学时光里，我收获良多。每逢节日，校园里热情洋溢的舞蹈，元素丰富的民族服饰，风味各异的民族美食，都会让我眼花缭乱。在这里，我着实体会到了什么叫作"八仙过海，各显神通"，体会到了什么叫作"高手如云"。来民大求学的少数民族兄弟姐妹们，在"江湖"上都是有点绝技的。热情的锅庄舞、豪迈的蒙古舞、诙谐的新疆舞，灵气十足的葫芦丝、悠扬宽厚的马头琴、活泼可爱的冬不拉，在其他地方可能难得一见的艺术表演形式，在民大却十分常见。

要说节日最多的高校，当然是我们民大。一年四季，除了法定节假日，少数民族的节日也让人应接不暇，不过同学们为了不耽误课业，还是会选择利用周末的时间进行庆祝。回族的古尔邦节，傣族的泼水节，藏族的新年，壮族的三月三……每个民族都在自己的文化图腾上书写着一曲

## 美美与共，知行合一

★ **中央民族大学**

中央民族大学前身为1941年成立的延安民族学院。新中国成立后，经中央政府批准，1951年在北京成立中央民族学院，1993年11月更名为中央民族大学。"美美与共，知行合一"是中央民族大学传统文化的浓缩，它体现了学校共生共荣的文化生态、和睦融洽的人际关系、兼容并蓄的学术态度，以及理论联系实际、从实求知的育人观，求真务实、严谨治学的治学观，言行一致、诚信笃行的德行观。经过70多年的发展建设和几代人的不懈努力，学校已经成为践行政治立校的重要高地、铸牢中华民族共同体意识的重要阵地、培养各民族优秀人才的重要基地、民族理论政策研究的重要基地、传承和弘扬中华优秀传统文化的重要基地。建校以来，学校为国家输送了20万余名各民族毕业生。

中央民族大学位于首都北京，是国家"985工程""211工程""双一流"建设高校，是一所以文科专业为主体、以民族学科为特色，文、理、工、艺、管等专业兼备的综合性大学。学校覆盖11个学科门类，图书馆藏书200多万册，包括蒙古、藏、维吾尔、哈萨克、朝鲜、傣、彝等20多个文种的民族文字图书。其中线装古籍有22万余册，既有宋雕元椠、明清精品、碑帖拓片、名家书画，又有民族文字古籍；善本有近3000种，其中宋元本10种、明本400余种尤为珍稀，共有16部珍本古籍入选《国家珍贵古籍名录》。学校有全日制学生2万多人，还有来自40多个国家的200名左右留学生在校学习。

曲壮美动听的赞歌。而作为中华民族大家庭的成员，祝福的同时，我也深深地爱上了这里多元化的民族文化。不管身处何地，"中华民族"四个字总能够将这里的学子紧紧相连。

美美与共，知行合一，这是我在民大学到的最重要的知识，也是最宝贵的知识。

中央民族大学的"双一流"建设学科有民族学。而科研平台方面，学校设有铸牢中华民族共同体意识研究基地、质谱成像与代谢组学实验室、民族地区与生态环境实验室、国家民委兴边富民战略研究院、民族地区社会治理和社会发展研究基地、国家民委民族美术创意创新中心、少数民族古籍保护与资料信息中心等。

## 报考须知

### 🎓 生活在中央民族大学：

"吃在民大"的说法流传已久，每个民大学子在提起自家学校食堂时，神色间总有抑制不住的骄傲与自豪，即便毕业多年后亦是如此。作为汇聚了多个不同民族学生的高校，民大自然也形成了独特的美食文化，食堂囊括了天南海北的美食，其中最受欢迎的是风味餐厅，这里有四川菜、湖北菜、北京菜、西北菜、上海菜、温州菜、云南菜、重庆菜、朝鲜菜、桂林菜、扬州菜、日本菜等10多个特色窗口。另外，民大还有大小两个清真餐厅，提供正宗的清真食品，非穆斯林同学也可以进去吃，兰州拉面、大盘鸡、酱牛肉等味道都很不错。

民大宿舍有六人间、八人间等，宿舍内均配备了空调与暖气，无论严冬还是酷暑，同学们都能在舒适的环境下学习与生活。不过，宿舍内不配备独立卫浴，洗澡要去公共大澡堂。

中央民族大学不乏高质量、好口碑的选修课，比如介绍两性关系、婚姻法等的恋爱婚姻与家庭课就很难"抢到"，有同学称每次上完课世界观都要被刷新一次；而饮食文化这门课主要是介绍各个国家各种食物的来源、口味与发展史等，有同学称每次上课都会口水直流。作为民族大学，学校的学生社团更是有诸多地域、民族特色，不得不提的有雪域文化交流协会、三月三文化交流协会、火把文化交流协会等。雪域文化交流协会以弘扬藏族文化为宗旨，在校园各种晚会上也常常能见到协会成员的身影。协会也会组织一些特色活动，其中藏族锅庄舞会甚至成了民大极具特色的活动之一，还获得过"金牌活动"的称号。

### 第四轮教育部评定 A+ 学科：

民族学。

### 学费标准：

俄语专业为 5500 元 / 学年，外国语言文学类（英语、翻译）、日语专业为 6000 元 / 学年，其他文史类专业为 5000 元 / 学年，理工类专业为 5300 元 / 学年，体育教育专业为 5000 元 / 学年，预科班为 4800 元 / 学年。

美术学（师范）、中国少数民族语言文学专业、非西藏生源定向西藏就业专业免收学费。

### 住宿费用：

一般不超过 1200 元 / 学年。

### 录取规则：

对投档考生以"分数优先"方式录取，即按照投档总分排队，根据省级招办排序原则，结合考生专业志愿填报顺序择优录取，不设专业级差。

同等分数条件下专业相关科目成绩高者优先录取，其中：文史类专业（含文理兼招专业）依次比较语文、数学、外语、文综；理工类专业依次比较数学、语文、外语、理综。考生所填报的专业志愿都无法满足时，若服从专业调剂，则根据考生成绩调剂到其他专业录取；若不服从专业调剂，作退档处理。

中国少数民族语言文学专业（蒙古、藏、朝鲜）招收高考加试相应民族语文或使用相应民族语文答卷的考生；中国少数民族语言文学专业（维吾尔）招收单列类（选考英语）的维吾尔族考生；中国少数民族语言文学专业（哈萨克）招收单列类（选考英语）的哈萨克族考生。

中国少数民族语言文学专业（语言学/民族文学）在贵州、云南、广西三省（区）举行民族语文测试，并投放专门计划，根据高考分数排队择优录取民族语文测试合格考生；四川省彝语语种录取一类模式彝文加试考生，计划单列。录取到该专业方向的考生入学后不得申请转专业。

「校友印象」

COMMUNICATION UNIVERSITY OF CHINA

# 中国传媒大学

## 我在白杨大道旁
等你

"校园里大路两旁，有一排年轻的白杨。早晨你披着彩霞，傍晚你吻着夕阳……"每个中国传媒大学的学子，都对这首校歌耳熟能详。因为我们就是那一排年轻的白杨，挺拔，直冲云霄，向着天际，寻找自己的理想。我们有青春，有朝气，有理想，对知识的渴求犹如白杨对水、阳光和空气的渴求。

如果用两个字来形容中国传媒大学，我认为非"青春"莫属。这是一所年轻的高校，坐落在京城的古运河畔，也是中国新闻传播学科类中的No.1，更是培养"金嗓子"的摇篮。如果你有志于新闻传播事业，那么来这里学习是最好的选择。

新闻传播需要践行者，中传学子立志用自己的专业精神，将我国的新闻传播事业发扬光大。不过，新闻传媒对从业者的各方面素质要求较高。来到了这里，我才发现师兄师姐说学逗唱，样样精通，我作为"小镇做题家"最后的那点骄傲也荡然无存，一切都是新的开始。

这里盛产美女帅哥，这里更不缺说话字正腔圆的人，如果要问中国哪所高校的同学最为伶牙俐齿，那么中传当仁不让。这里是中国新闻媒体的标杆，绕口令"八百标兵奔北坡"的教科书式表演在中传也都是小儿科级别。

新闻在中传已经不是"新闻"，因为这里的一草一木仿佛都和新闻有关。回想这几年的大学生活，"新闻之星""新闻之翼""新闻之路""新闻之声"，我们参加的活动似乎都是以"新闻"为中心的。潜移默化中，我们对新闻的敏感度得以提升，每个人都提高了从业的基本素质。中传学子的简历上，一定会有关于"新闻"比赛的经历。

中传的雕像文化更是一绝。孔子的雕像当为雕像群里的"老大哥"，它体现了中传人尊师重教的优良传统。还有作为学校标志性建筑的"大拇指"雕塑，本意是给学校点赞，如今延伸出了很多让人幸福感爆棚的说法。像我和舍友曾有一个默契的约定，不管是参加考试前还是比赛前，必须到"大拇指"雕塑前打卡，沾沾喜气。还有很多雕像，也直观地体现了传媒人工作的日常。

正所谓台上一分钟，台下十年功。一个小小的新闻报道，看似平常，其实需要一大群人的努力付出与默契配合，才能展现在观众面前，灯光、摄像、主持、外景，哪一个环节出了错都不行。作为中国传媒的工匠，中传学子精心雕琢每一场新闻报道。新闻传播到了极致，也就和艺术融为一体，这就是我们中传人的创新。

钢琴湖边传来读书声，一定是勤奋的中传人在苦练专业。大阅城图书馆七层高楼里面的万卷藏书，是中传学子的精神乐园。读万卷书，行万里路，将祖国的新闻传播事业做到尽善尽美，这是每一个中传人的梦想。

看到这里，如果你心中还有志于新闻传播事业，那么，我在白杨大道旁等你。

## 中国广播电视及传媒人才摇篮

### ★ 中国传媒大学

中国传媒大学诞生于第一个五年计划时期,1954年,中央广播事业局决定开办"中央广播事业局技术人员训练班",培养掌握广播专业理论知识的技术人员。训练班的成立标志着我国广电系统自己创办教育培训机构的开始。但由于当时全国广播事业发展迅速,普通的中级广播技术人员已不能满足新中国广播事业的发展,训练班需要扩大生源和加深教学内容。为了顺应时代要求,1958年,中央广播事业局直属的第一所高等专科学校——北京广播专科学校,在原训练班的基础上正式成立。2002年中国矿业大学北京校区东校园(原北京煤炭管理干部学院)整体并入北京广播学院,2004年9月更名为中国传媒大学。办学近70年,学校一直秉承"立德、敬业、博学、竞先"的校训,以培养"弘道崇德、经世致用"的传媒人为己任,培养了大量党和国家所需、能够应对未来媒体挑战、驰骋于国际舞台的优秀传媒人才,为党和国家的传媒事业以及经济社会发展做出了重要贡献,被誉为"中国广播电视及传媒人才摇篮"与"信息传播领域知名学府"。

中国传媒大学是国家"211工程""双一流"建设大学,学校坐落于北京古运河畔,占地面积700亩左右,图书馆藏书超180万册。学校设有21个教学科研单位,1个国际传媒教育学院,1个人类命运共同体研究院,84个本科专业。学校有全日制在校生1.8万余人;有教职工近2000人,其中专任教师约1200人,有110余人次入选国家和北京市各类重要人才项目,20余人次荣获全国优秀教师称号、国家级和北京市级教学名师奖,3人现任国务院学位委员会学科评议组成员。

第二轮"双一流"建设大学名单显示,中国传媒大学的新闻传播学、戏剧与影视学已入选"双一流"建设学科。此外,学校是国家信息传播研究领域的学术重镇,

科研资源丰富、实力雄厚，设有媒体融合与传播国家重点实验室、教育部人文社会科学重点研究基地国家传播创新研究中心、智能融媒体教育部重点实验室、媒介音视频教育部重点实验室、广播电视智能化教育部工程研究中心等数个国家级、省部级科研平台。

> **报考须知**

🎓 **生活在中国传媒大学：**

鲁川粤闽苏浙湘徽八大菜系，蒸炒焖烧煮烩等各种烹饪手法，在中传的食堂都能品尝到。其中，南苑、北苑、星光三大餐厅三足鼎立。星光餐厅四楼是小吃城，有冒菜、水煮鱼、钵钵鸡、冷串、炸串等，美食非常多。而北苑最负盛名的美食莫过于火了30多年的"广式肉饼"，这是每一位中传人毕业后都会怀念的食物。"崔永元真面"面馆也是北苑的网红打卡点，在这里吃面还有机会碰到崔永元本人。南苑的面食同样经典，有大盘鸡面、兰州拉面、岐山臊子面……每次吃都要排很长的队。北苑与南苑配备的是木质桌椅，环境很舒适。非用餐时间，同学们还可以到里面自习、讨论交流。

中传的宿舍有四人间与六人间，宿舍内均为上下床的布局，配备桌子、柜子、空调等设施，有些宿舍并不带有独立卫浴，洗澡要去公共浴室。宿舍区域有超市、洗衣店、打印店、眼镜店、文具店等各种店铺，同时还提供活动区域和自习室。

中传的选修课十分丰富，只要你有兴趣，都可以进行尝试，有播音主持艺术、中外美术史、中医传播、网文改编、文学名著改编、摄影、剪辑等课程。社团方面，值得一提的有中传京昆研习社，该社团致力于弘扬中华传统文化，为中传师生提供一个接触、了解、学习戏曲文化的平台，它也是学校唯一一个围绕戏曲文化主题开办的社团组织。此外，每年中传也会举办许多特色活动，比如记者节辩论赛、演讲比赛、知识竞答等。

### 第四轮教育部评定 A+ 学科：

新闻传播学、戏剧与影视学。

### 学费标准：

北京校区本科艺术类专业为8000～10000元/学年，外语类专业为6000元/学年，其他普通类专业为5000～5500元/学年，中外合作办学类专业为65000～71000元/学年（国内）。

### 住宿费用：

学校按实际情况统筹安排宿舍，收费标准为750～1500元/学年。

### 录取规则：

对于符合学校录取标准的考生，学校根据进档考生的实考分从高分到低分录取。确定考生录取专业时，所有专业志愿之间不设级差；所有已投档考生按实考分排序，考生专业志愿和各专业招生计划数从高分到低分录取。

在考生实考分相同的条件下，优先录取有政策性加分的考生。若均无政策性加分，则文史类考生依次按语文、数学、外语、综合科目成绩排序录取，理工类考生依次按数学、语文、外语、综合科目成绩排序录取。对于高考综合改革省（区、市），按照相应省（区、市）提供的同分数排序规则进行录取。

外语类专业只招英语语种的考生。报考外语类专业和国际新闻与传播专业的考生，如所在地区招生考试机构组织外语口试，须参加口试且成绩合格。其他专业不限制考生应试的外语语种，但学校的公共外语课只开设英语课程。

「校友印象」

BEIJING FOREIGN STUDIES UNIVERSITY

# 北京外国语大学

## 我的同学
### 来自地球村

世界上语系众多，北外学子心里有一本账。北外图书馆外侧的装饰墙镂空雕刻了世界各地的文字，不同的语种，不同的语系，表达的都是同一个意思——图书馆。当我的外国同学们在语言墙上发现自己的母语文字时，对于远赴异国他乡求学的他们来说，也算是一个倍感亲切的小惊喜。

语言的魅力，在于融通，在于交流，在于升华。

学习语言需要环境，需要不断地练习。而我们学校无疑有着最"硬"的条件，最沉浸式的学习氛围。同学们可能来自地球村的不同角落，大家肤色各异，讲着世界各地的语言，但都因对语言的同样热爱，而会聚到了一起。

书山有路勤为径，学海无涯苦作舟。北外的晨读园，可以说是校园里人气最旺的地方之一。大家在晨读园里读书、练习口语，相互交流，共同进步。

对于语言的学习，除了日常的练习，还重在积累。吃完晚饭，来到安静的暮思园，思考一天的收获，查漏补缺，不断完善自己的知识体系，北外人的一天就是这么简单。学习语言没有捷径，北外学子的日常就是最好的写照。

北外尊重各民族的文化，就连教学楼都各具特色。当你来到著名的打卡地阿语楼，仿佛置身于异国他乡，教学楼的外形俨如清真寺，金色的穹顶散发出耀眼的光芒，尽显浓郁的中东特色。

北外欢迎世界各地的学子，包容世界各地的文化。北外有大爱，和北外相遇，用自己的语言和世界相联系，殊途同归。西校区的语言墙上，用101种文字书写着"你好"，代表北外向世界发出友好的声音；雕塑《永无止境》以莫比乌斯环蕴含的哲学思想为蓝本，体现北外尊重世界文化多样性的风采。兼容并蓄，是北外历久弥坚、代代相传的情怀。

北外最热闹的地方还有食堂，这里兼具多种功能：吃饭，交流，练习口语。如果你是第一次去食堂，可能会被眼前的景象震惊，仅仅是吃顿早餐，都能顺便练习听力和口语，真是一举多得。学习语言，就是要敢于开口，敢于实践。宽松自由的语言环境让学子能用最快的速度掌握一门外语，感受语言的魅力。

北外的学子最注重学以致用。如果说空有一身本领，却没有施展的舞台，那无疑非常遗憾。北外给大家提供了施展拳脚的机会，我的同学遍布世界各地，在异国他乡传播着中国文化，讲述中国故事。北外就是中华文化的信使。北外的学子不仅具有中国情怀，还具有世界视野。在我们中间流行一句话，有五星红旗升起的地方，就有北外学子的身影。

北外校园不大，但内涵丰富。北外每年都会举办全球文化节，同学们有机会体验各个国度的特色文化，还能和各国驻华的外交官进行交流，当然也不忘向世界宣传和推广博大精深的汉语。通过语言，不同的文化在这里相通相融、相互影响，大家的眼界、思维也变得更加开阔。如果你热爱语言，欢迎来北外。

## 兼容并蓄，博学笃行

★ **北京外国语大学**

北京外国语大学是中国共产党创办的第一所外国语高等学校，前身是 1941 年成立于延安的中国抗日军政大学三分校俄文队，后发展为中央军委外国语学校，建校始隶属于党中央。新中国成立后，学校归外交部领导，1954 年更名为北京外国语学院，1959 年与北京俄语学院合并组建新的北京外国语学院。1980 年后直属教育部，1994 年正式更名为北京外国语大学。北外是培养外交、翻译、教育、经贸、新闻、法律、金融等涉外高素质人才的重要基地，学校秉持"兼容并蓄、博学笃行"的校训精神，为国家培养了一批批优秀毕业生，他们遍布世界各国、全国各地，活跃于各行各业，建功立业、成就卓著，成为精英翘楚、社会栋梁。据不完全统计，北外毕业的校友中，先后出任驻外大使的就有 400 余人，出任参赞的有 2000 余人，学校因此赢得了"共和国外交官摇篮"的美誉。

北京外国语大学是国家"211 工程""双一流"建设高校。北外获批开设 101 种外国语言，欧洲语种群和亚非语种群是目前我国覆盖面最大的非通用语建设基地，

是教育部第一批特色专业建设点。学校占地超700亩，开设本科专业121个，图书馆纸质馆藏中外文图书超150万册，中外文电子图书达200万册。学校有全日制学生1万多人，在编教职工1000多人，另有来自65个国家和地区的长短期外籍教师200人左右。学校拥有中华人民共和国"友谊勋章"获得者、全国优秀教师、国家级突出贡献的中青年专家、"长江学者奖励计划"特聘教授、青年长江学者等高水平师资。拥有海外学习经历的教师超过总人数的90%。

北京外国语大学的学术实力很强，外国语言文学已入选"双一流"建设学科，学校还拥有国家、省部级研究基地52个，包括中国外语与教育研究中心、人工智能与人类语言重点实验室、国家语言能力发展研究中心等。另外，学校还有全国最大的外语类书籍、音像和电子产品出版基地——外语教学与研究出版社。

## 报考须知

### 🎓 生活在北京外国语大学：

北外有4个食堂，分别是东院的学生食堂、清真食堂和教工食堂，以及西院食堂。其中，东院的学生食堂是学生最常去的食堂，不仅有经济实惠的大众菜，还有轻食、螺蛳粉、黄焖鸡、老鸭粉丝等特色菜，同时囊括了东北风味、西北风味、四川风味、江南风味、广式风味等地域美食。而清真食堂不单单为穆斯林同学服务，其他同学也可以进入，里面的大盘鸡非常美味，分量大、价格也便宜。

北外的宿舍有四人间、六人间，四人间一般为上床下桌布局，无独立卫浴，而六人间有三个上下铺、两个上下铺＋两个上床下桌组合的两种布局形式，部分宿舍有独立卫生间。每个宿舍都会供应暖气，夏天也可以使用空调，但需要付费。每层楼一般配备洗衣机、洗鞋机、带淋浴隔间的浴室。

北外多样化的选修课并不少，这也为学生提供了一个具有开创性的学习环境以及自由的学习空间。比如爱的艺术这门课就相当特别，它是由三位有不同学科背景的老师共同授课，他们从电影学、社会、戏剧（戏曲）学三个学科视角出发，带领学生深入探讨与思考爱情、自我、他者、性别、欲望、亲密关系等诸多议题。这门课的考核方式也不再拘泥于传统，而是更为多样化，学生可以选择做社会学报告，也可以做课堂展示，甚至自己拍微电影。北外有着众多的学生社团，比如爱乐协会、摄影协会、口译与跨文化传媒工作室、红十字会等。

### 第四轮教育部评定 A+ 学科：

外国语言文学。

### 学费标准：

外国语言文学类专业学费为 6000 元 / 学年，其他专业学费为 5000 元 / 学年，华侨、港澳台地区学生的收费标准按有关部门规定执行。

### 住宿费用：

750 ~ 1200 元 / 学年。

### 录取规则：

对享受省（区、市）教育主管部门规定的全国性政策加分的考生，按政策性加分投档，投档后以考生的实考分择优录取。所有高考加分项目及分值不适用于不安排分省分专业招生计划的招生项目。实考分相同的情况下，优先录取享受政策性加分的考生；没有享受政策性加分的，依次录取外语、语文、数学和外语口试成绩高的考生；同分排序后仍完全相同的，学校将按预留计划录取。

学校在录取时，根据各省（区、市）考生填报志愿的情况，以实考分择优按专业志愿依次录取。如所填专业志愿无法满足，对服从专业调剂者，将根据实考分调剂到招生计划尚未完成的专业；对不服从调剂者，作退档处理。

学校招生的外语专业中，英语专业只招收全国统一高考科目中外语为英语语种的考生。其他外语专业无外语语种限制，但入校后第二外语均为英语。学校非外语专业的公共外语为英语，同时部分专业课为英语授课，所有学生应按学校课程设置进行学习。

「校友印象」

BEIJING UNIVERSITY OF
POSTS AND TELECOMMUNICATIONS

# 北京邮电大学

## 传邮万里的
### 精气神

学院路上，由众多知名高校组成的"学院路共同体"中，就有北京邮电大学。这里学术氛围浓厚，教学资源丰富，有着"全民编程"的特色，被称为中国的"信息黄埔"。如愿以偿的我，有幸成为一名北邮人。

初到北邮，师兄师姐们给我的感觉是踏实和勤奋的。图书馆是我经常去的地方，开阔明亮，空气中仿佛都充满了知识的味道，大家会选择在这里奋笔疾书，效率极高。听着翻书的哗哗声，似乎能感受到空气中紧张的气息，这种感觉在高考前似曾相识。对于刚入校不久的学子来讲，如果还没有适应校园生活，不妨先在图书馆占个座位。

北邮是典型的工科院校，学术氛围浓厚，老师没有一点学究的架子，总是亲切地和我们互动，认真而随和地回答我们提出的每一个问题。在北邮的课堂上，知识是流动的，会沿着既定的轨迹传承下去。在一群心怀梦想的青年手中，知识会进行二次创造，产生超乎寻常的价值。知识，必须经过实践的转化，才能为社会创造价值。在综合教学实验楼，在工程中心，北邮人日日夜夜地反复钻研，只为将一条条枯燥的理论应用在生产实践中，随时做好准备。

当我觉得无所事事的时候，当我想要停下奋斗的脚步的时候，只要去看看校园里岿然不动的甲子钟，我就会瞬间明白韶华易逝，也更加明确要珍惜宝贵的时间。当我感到浮躁了，也会去景观湖边走走，看着波澜不惊的湖水，内心也会渐渐静下来。偌大的校园，有很多的小幸福等待我们去发现和探索。北邮的体育馆也绝对不会让你失望，这里是全校利用率最高的建筑之一。如果你在课堂上消耗了太多的脑力，不妨来到运动场上挥洒汗水，让大脑焕然一新。

北邮的校园，树木成林，四季分明。我最爱秋天的银杏小道，抬头仰望，天空碧蓝得没有一丝杂色，干净明朗极了。校园里的秋天，多了一些精致，少了点萧瑟。随着气温的变化，树叶的颜色每天都会发生变化，仿佛一个动态的调色板。飘落的叶片会在深秋掩住小径，让人不忍踏足。

北邮是一所典型的工科院校，除了学术氛围浓厚，文化生活也是丰富多彩的。离开了北邮，也许你再也见不到如此标准的绿茵场，奔跑的脚步也许再也不会如此轻盈。时代在变迁，技术在革新，"传邮万里"也许不再是时代的主流，但这是北邮的精气神，是赓续红色血脉的使命感，"国脉所系"才是所有北邮人的出发点和落脚点。即便在科技改变生活的新时代里，北邮的精神也永远不会褪色。

## 信息黄埔，通信摇篮

### ★ 北京邮电大学

北京邮电大学创办于 1955 年，初名为北京邮电学院；1960 年被确定为全国 64 所重点院校之一，1993 年更名为北京邮电大学。60 余载风雨砥砺，60 余载春华秋实。明光之北、蓟门之南，古老的城墙，见证了永不消逝的电波；鸿雁翱翔、银杏巍巍，坚实的土地，承载了信息黄埔的传奇。北京邮电大学作为新中国第一所邮电高等学府，不仅是我国信息科技人才的重要培养基地，也为挺起中国信息通信产业的脊梁做出了重要贡献。

北京邮电大学是国家"211工程""双一流"建设高校，作为一所以信息科技为特色、工学门类为主体、工管文理协调发展的多科性、研究型大学，学校学科涵盖了理学、工学、文学、法学、经济学、管理学、教育学、艺术学、交叉学科等 9 大学科门类，设有 19 个教学单位，52 个本科专业。学校图书馆馆藏总量超 600 万册（件）。截至 2023 年 11 月，学校有全日制本、硕、博学生及留学生 2.7 万余名，在职教职工 2500 余人，其中专任教师 1600 余人，具有博士、硕士学位的教师占专任教师总数的 98%。

第二轮"双一流"建设大学名单显示，北京邮电大学的信息网络科学与技术、计算机科学与网络安全两个学科已入选"双一流"建设学科。同时，学校着力打造信息通信领域国家战略科技力量，现有全国重点实验室 3 个（2 个牵头建设，1 个参与建设）、国家工程研究中心 2 个、国家国际科技合作基地 1 个、教育部重点实验室 5 个、教育部工程研究中心 3 个等。

## 报考须知

### 🎓 生活在北京邮电大学：

北邮一直秉承着让全校师生"吃得健康、吃得安心、吃得放心"的理念，学校设有风味餐厅、清真餐厅、综合食堂等多个食堂，提供了种类丰富的食物，能满足不同地区、不同民族学子的饮食需求。北京烤鸭、卤肉盖饭、铁板芝士鸡肉、牛肉小面、兰州牛肉面、螺蛳粉、锡纸花甲粉等，在同学们中都备受好评。另外，在淄博烧烤火遍全国之际，北邮还派出厨师赶赴淄博学艺，把"淄博烧烤"搬进了学校食堂。在特定的节假日，食堂也会推出一些限定美食，中秋节有免费月饼，端午节有粽子等。

北邮的宿舍有四人间、六人间、八人间，四人间一般为上床下桌布局，带阳台、空调，冬天还会集中供暖。每层楼有公共浴室、洗衣房、开水房以及自习室，无论是学习还是生活都非常便利。

在北邮，学生如果想要多发展一个兴趣爱好、掌握一门专业之外的技能或者拓展自己的知识储备都不是难事，丰富的选修课为此提供了有力的支撑，有手机摄影、文学经典赏析、名著解读、恋爱心理学、财务管理、国标舞、播音等课程供同学们选择。北邮的社团中，有一个社团非常特殊，它就是戎归邮子社。这是一个由退伍大学生组成的学生社团，成员们过去所服役的部队涵盖了中国人民解放军和中国人民武装警察部队各个军种。

## 学费标准：

金融科技、大数据管理与应用、工商管理类、管理科学与工程类（商务智能与智慧供应链）、法学、网络与新媒体专业为5000元/学年；软件工程专业一、二年级为5500元/学年，三、四年级为16000元/学年；电信工程及管理（中外合作办学）、物联网工程（中外合作办学）专业为70000元/学年；电子信息工程（中外合作办学）、智能科学与技术（中外合作办学）专业为80000元/学年；信息与计算科学（中外合作办学）、数字媒体技术（中外合作办学）专业为100000元/学年；数字媒体艺术专业为10000元/学年，其他各专业（类）为5500元/学年。

## 住宿费用：

沙河校区和西土城路校区住宿费最高标准不超过1500元/学年。

## 录取规则：

对享受政策加分的考生，由各省（区、市）招办按照规定加分投档（不做分省计划的招生类型不适用，高校专项计划等特殊类型招生录取要求详见其招生简章）。在安排专业时，以考生不含加分的高考文化课成绩为主要录取依据。学校依据考生高考文化课成绩（不含加分）和专业志愿，按从高分到低分的顺序安排专业，各专业志愿之间不设级差。同一专业（类）录取时，若考生实际高考分数相同，依次优先录取有政策加分者、相关科目分数高者。

对于非高考改革省（区、市），相关科目分数比较顺序：理工类专业（类）依次比较数学、理综，文史类专业（英语专业除外）依次比较语文、外语，英语专业依次比较英语、语文。

对于北京、天津、上海、江苏、福建、湖北、湖南、广东、海南九个高考改革省（市），相关科目分数比较顺序：选考科目为物理或者首选科目为物理的专业（类）依次比较数学、物理，不限选考科目要求或者首选科目为历史的专业（类）（英语专业除外）依次比较语文、外语，英语专业依次比较英语、语文。

对于河北、辽宁、浙江、山东、重庆五个高考改革省（市），投档时将由所在省（市）招生考试机构按其相关规定直接投档到专业。

「校友印象」

CHINA FOREIGN AFFAIRS UNIVERSITY

# 外交学院

## 玲珑可爱的象牙塔

这里曾被誉为中国最袖珍的大学之一，但在外交人的圈子里，这里是当之无愧的顶尖学府。校园里一块醒目的大石头上，刻着"中国外交官的摇篮"，清晰地阐述了这所高校的定位。有人说，外院虽小，但五脏俱全。

踏进外交学院的那一刻，我是欣喜的。在高校扩招的浪潮中，外交学院坚持自我，至今依然实行小班模式的精英教育，在中国这样一个泱泱大国，能够享受到如此优质的教学资源，是何等的幸事。有幸来到这里求学的人，都可以称得上是佼佼者中的王者。外交学院可供选择的选修课非常多，学生在不耽误本专业课程学习的前提下，可以按照自己的兴趣进行选择，这样也能拓宽自身的知识维度，开阔眼界。

宏伟的图书馆在蓝色天幕的映衬下散发出一种独有的魅力，即便是初次路过这里的人，也想要进去一探究竟。对于渴求知识的人，这是一座有魔力的建筑物。我们徜徉在知识的海洋里，充实而自如。外交学院招生人数相对较少，所以很少出现像其他高校一样排队占座争抢学习资源的情况。有时候，偌大的书桌竟然会被一人独享，着实幸运。

风景清丽的沙河校区，怎么看都很美。沙河的天空，有粉红的朝霞，火红的晚霞，雨后更是湛蓝如洗，仿佛一块干净的画布，任凭我们绘制美丽的画卷。

外交学院很小，小到老师可以轻松地记住每个学生的名字；外交学院很大，大到校友可以遍布世界各地。这里有象牙塔的玲珑可爱，如果你喜欢单纯的生活，那么不妨选择这里。这所宝藏学校也许没有清华和北大这种名校的光环，但如果你想精通外语，并有志于从事外交工作，那么这所学校非常适合你。这里有浓郁的学习氛围，高颜值的同学。

外交，关乎一个国家的国际形象，一旦成为外交人，就意味着自己的命运已经和国家命运紧密关联。外交学院崇尚学术，尊重礼仪，它教导学子面对任何场合都要保持端庄良好的形象，让自己处变不惊，从容不迫。外交学院给我们的，不仅仅是知识和文化，还有礼仪和素养，这些都是从事外交工作的必备要素。外交学院还有来自世界各地的留学生，和他们沟通思想、交流文化，能拓宽视野。说外交学院的学子具有全球的视野，真的一点都不夸张。

如果你本身就是一个勤奋的人，那么你肯定能够适应这里快节奏的生活。这里的学子都比较自律，稚气尚存，却不失稳重，在太阳升起之前大家都已经稳稳地坐在了自习室。我在外交学院真的收获了太多，除了增长知识、开阔心智，还遇到了一生的朋友。大家一起早起，一起吃饭，一起取快递，一起夜跑，从陌生人到相互了解成为挚友，从开始的素不相识到后来的志同道合，这份同窗情谊永远都是我人生中最宝贵的财富。

外交学院，是我一生的加油站，在外面累了倦了，回这里看看，整装后又可以再出发。

## 中国外交官的摇篮

### ★ 外交学院

外交学院以服务中国外交事业为宗旨，着力培养一流外交外事人才。在周恩来总理的倡议下，1955年经党中央、毛主席批准成立。周总理为学院亲笔题写校名，时任国务院副总理兼外交部部长陈毅元帅担任外交学院首任院长。学校自创办以来一直得到国家领导人的亲切关怀。周恩来总理、陈毅副总理、钱其琛副总理、唐家璇国务委员、戴秉国国务委员、杨洁篪国务委员、王毅国务委员兼外长，以及历任外交部长曾多次来学院视察和指导工作。在学院建院四十、五十周年之际，江泽民主席、李鹏总理、李岚清副总理、钱其琛副总理等党和国家领导人曾为学院题词、发贺信，对学院寄予殷切期望。2012年9月，时任国务院总理的温家宝同志为学院亲笔题写了"中国外交官的摇篮"。建校60多年来，学校为国家培养了2万余名优秀毕业生，其中500多人

担任驻外大使，为新中国的外交事业做出了重要贡献。

外交学院是中华人民共和国外交部唯一直属高校，财政部6所"小规模试点高校"之一，是"双一流"建设高校，学校设立了外交与外事管理系、英语系、外语系、国际法系、国际经济学院、基础教学部、研究生部、国际关系研究所、国家安全学院、国际教育学院等10大教学单位，还有亚洲研究所、国际法研究所等30余个研究中心，11个本科专业等。学校采用"多规格、多层次、多形式"的办学体制，招收博士研究生、硕士研究生、本科生。学科方面，学校的政治学已入选"双一流"建设学科名单。

外交学院有教职工数百名，其中专职教师百人以上。此外，学校还聘请了70多位资深高级外交官和知名专家学者担任兼职教授，以及20多位相关专业的外国专家和教师。学校图书馆藏书超40万册，其中纸质图书约29万册，电子图书13万种。图书馆附设有联合国托存图书馆和欧盟资料中心，定期获得联合国和欧盟出版物，包括正式出版物和各种会议文献，联合国和欧盟资料较为丰富。在保证学院教学科研需要的同时，图书馆积极为社会服务，每年都接待一定数量的党政军机关、研究院所研究国际问题的研究人员，为他们提供文献服务。

## 报考须知

### 🎓 生活在外交学院：

外交学院是一所小规模高校，食堂当然也不大，不过用餐环境干净整洁，该有的都有，还配备了微波炉供师生使用。菜品上有大众菜、麻辣香锅、麻辣烫、铁板饭、减脂餐等。食堂还配备了水吧、清真餐厅以满足更多同学的需求。另外，食堂在节假日也会推出一些特色菜。学校还有一个西餐厅，环境相对来说更富情调，菜品上有焗饭、意大利面、小食等供应，是舍友团建、朋友交流以及举办小型活动的好去处。

外交学院的女生宿舍基本为三人间，而男生宿舍基本为四人间，均为上床下桌布局。宿舍内带有衣柜、风扇，也可以租赁空调，冬季会集中供暖，虽没有独立卫浴，但每层楼会配备卫生间、水池、洗衣机等，洗澡可以到一楼的公共澡堂。另外，本科生宿舍楼与研究生宿舍楼的走廊外侧每层都有一个自习室，方便学习到深夜的同学。

外交学院有意思的选修课程也不少，比如交流中的个人形象塑造这门课，虽然不是学术性很强的课程，但颇受学生喜欢。在课堂中，老师会教同学们从服饰、色彩、发型，以及仪态、举止等多方面来认知"形象"，学习如何更好地提升自身形象。而社团方面，学校有演讲与辩论协会、心理研究与社会认知协会、模拟联合国协会、模拟政协协会、时事研究会、青年志愿者协会等诸多学生社团，社团有时也会联合举办一些活动，以丰富校园生活。

**学费标准：**

5000元/学年。

**住宿费用：**

一般为900元/学年。

**录取规则：**

对享受加分政策的考生，可按当地省（区、市）招办规定加分提档，进档后在录取和确定专业时，只考虑考生的实际高考总分；实际高考总分相同的情况下，优先录取有政策加分的考生，如无政策加分，依次比较外语笔试、语文、数学、外语口试成绩。

确定录取专业时按实际高考总分排队，由高分到低分根据考生填报专业志愿情况依次录取；各专业间不设定志愿级差；如所填报专业志愿无法满足，对服从调剂者，学校将根据分数调剂到招生计划尚未完成的专业；对不能满足所填报专业志愿又不服从调剂者，将作退档处理。

所有报考外交学院的考生必须参加所在地省级招生考试主管部门统一组织的高考外语口试[省级招生考试主管部门不组织高考外语口试的省（区、市）除外]，且口试成绩达到合格（含）以上者方可录取。学校不再单独组织外语口试和专业面试。

学校在各省（区、市）英语、翻译、法语、日语、西班牙语等语言类专业只招英语语种考生，非语言类专业不限外语语种。但学校非语言类专业的英语课程起点高、比重大，部分专业课程直接用英语授课，请非英语语种考生慎重报考。

「校友印象」

PEOPLE'S PUBLIC SECURITY
UNIVERSITY OF CHINA

# 中国人民公安大学

## 机遇与挑战
### 并存的选择

有人说，只要考上这里，就意味着已经拿到了国家发的"铁饭碗"。毕竟能够来到这里的学子自身条件都非常优秀，而经过严苛专业的系统化训练后顺利毕业，基本上就已经拿到了人民警察的入场券了。如果你有一个从警梦，那这所高等院校绝对是不二的选择，这里就是被誉为"警校里的清华"的中国人民公安大学。

不过，警界人的青春是充满汗水和泪水的，只有付出比其他普通大学生更多的努力，才配得上这身警服。从事警察工作，也意味着要承受高强度的工作压力，肩负光荣的使命和人民的期待。在大家的印象中，警察多为军人出身，一定要有强健的体魄和敏捷的身手，这是作为一名人民警察所必备的素质。而来到公安大学后，我对"警察"二字有了更全面透彻的理解。在老师的谆谆教导下，我也感受到了真实的压力。这里有期待，有退缩，有辛酸，更有成长。

作为新时代的公安学子，一定要文武双全，有勇有谋，这也是老师对我们的最基本的要求。清晨，在嘹亮的起床号中开启，紧接着是雷打不动的早操训练，在进行严苛的内务整理后，大家飞速完成换装前往早操地点，这种模式一成不变。同学们组成的整齐划一的队伍，已经成为校园里一道亮丽的风景线。防控课上，我们需要模拟真实的抓捕行动，看着自己的室友成为"犯罪分子"，刚开始可能会有同学笑场；但一想到在未来的工作中，我们随时有可能面临和犯罪分子"亲密接触"的情况，所以大家都会认真细致地观察教官的每个动作细节。当看到女同学们动作利落地给"犯罪分子"扣上手铐，巾帼不让须眉的样子时，我真为她们感到骄傲！

踏入公安大学之前，我的内心除了充满期待，更是忐忑不安的，我担心警校生活会很枯燥。但没想到的是，这里的业余生活相当丰富。公安大学的学生男女比例严重失调，所以学校经常会和其他学校组织一些联谊活动，我才发现，原来脱下制服后，大家都有可爱俏皮的一面。还有许多学长在毕业后也会定期回到母校，来和大家分享一些工作经验和学习技巧。而且，学校的各种侦查、鉴定技术以及先进的设施都能让人大开眼界，也能让人感受到祖国的强大。另外，作为公安大学的学子，我们有时候还有机会到奥运会、G20峰会等一些大型国际化活动的现场充当安保人员。虽然训练可能会占用寒暑假，但这样的机会确实非常难得，也会成为我们一生中宝贵的回忆。

选择了中国人民公安大学，就意味着机遇与挑战并存，这样的选择，你准备好了吗？

## 共和国警官的摇篮

### ★ 中国人民公安大学

中国人民公安大学是公安部直属普通高等学校暨公安部高级警官学院，国家"世界一流学科建设高校"。学校创始于1948年7月中共中央在河北解放区建屏县（今平山县）举办的华北保卫干部训练班，历经华北公安干部学校（1949—1950）、中央公安干部学校（1950—1953）、中央人民公安学院（1953—1959）、中央政法干部学校（1959—1982）和恢复中央人民公安学院（1982—1984）等发展阶段，1984年中央人民公安学院改建为全日制普通高等学校，成立中国人民公安大学。1998年2月，与中国人民警官大学合并，组成新的中国人民公安大学。2000年，交通部北京交通人民警察学校并入学校。建校至今，学校为全国政法公安机关等单位培养了33万余名各级领导、业务骨干和专门人才，被誉为"共和国警官的摇篮"。

中国人民公安大学是公安行业综合性大学，是全国公安系统第一个开展普通高等学历教育、第一个开展硕士研究生培养、唯一开展博士研究生教育的高等学府，是"双一流"建设高校。学校占地1200余亩，图书馆藏书150万余册。学校现有专任教师600余人，其中"双一流"高校毕业生占90%，高级职称教师占比60%。学校聘任客座教授80余人，教官300余人，另有国家"万人计划"领军人才、中宣部文化名家暨"四个一批"人才、享受政府特殊津贴专家、享受公安部部级津贴专家数人。

第二轮"双一流"建设大学名单显示，中国人民公安大学的公安学已入选"双一流"建设学科。学校还设有2个国家级科研创新平台、2个省部级重点实验室、2个省部级研究机构，建有2个协同创新中心、司法鉴定中心等科研机构。另外，校园内教学、科研、训练等设施完备，有警务战术训练馆、警务战术训练街区、警体综合训练馆、高级警官培训楼等多座现代化大型教育训练场馆，配备了实弹射击、情景模拟、泅渡救援、特勤驾驶、痕迹检验、微量物证分析、警务战术指挥、刑事侦查、心理测试、安全防范技术、交通管理与控制等多项国内一流的警务实训设施。

## 报考须知

### 生活在中国人民公安大学：

学校团河校区共有 5 个食堂，其中三食堂算是网红口碑餐厅，同学们亲昵地称其为"三三"，在"三三"吃饭有丰富的选择，如火锅、自选菜、麻辣烫、煎饼、黄焖鸡、重庆小面、拌饭等。学校也提供了清真餐厅，方便少数民族的学生用餐。

公安大学本科生宿舍一般为六人间，带阳台，不具备独立卫生间，有公共浴室、水房等。学校实行警务化管理，对学生宿舍的管理非常严格，检查时宿舍内不能有杂物，更不能安装门帘等，所有东西都必须收到柜子里，书桌上也不能摆放书以外的物品，被子要叠成小方块，对整洁度有着极高的要求。

公安大学有种类丰富的选修课，比如法医学、爆炸与反爆炸、警务驾驶、无人机、散打、毒品知识与识别等课程，有些课程在其他高校不一定有。学校也不缺各种类型的社团活动，每年的"百团大战"纳新活动上，新生们可以根据自己的兴趣爱好申请加入各社团，比如空手道协会、武道联盟、公大武术队、公大巴柔社等。

### 学费标准：

治安学、治安学（警察法学方向）、侦查学、公安情报学、犯罪学、公安管理学、涉外警务、警务指挥与战术、公安政治工作、移民管理、法学等 11 个专业及专业方向为 4200 元 / 学年；刑事科学技术、安全防范工程、交通管理工程、网络安全与执法、公安视听技术、数据警务技术等 6 个专业为 4600 元 / 学年。

### 住宿费用：

900 元 / 学年。

### 录取规则：

对进档考生，中国人民公安大学执行"分数优先"的录取规则，根据考生投档分数从高到低录取并确定专业。确定专业时不设专业级差。对于所有专业志愿都无法满足的考生，若服从专业调剂，则进行调剂录取；若不服从专业调剂，则作退档处理。若第一次投档生源不足，剩余计划将进行征集志愿。征集志愿录取规则及确定专业方法与前款规定一致。

中国人民公安大学在进行录取和确定专业时，若考生投档分数相同，同分排序规则为：文史类考生依次比较语文、数学、文科综合和外语成绩；理工类考生依次比较数学、语文、理科综合和外语成绩；实施高考综合改革省（区、市）考生依次比较语文、数学、外语，选考 3 科总分。

报考涉外警务专业的考生，其外语成绩须达到外语单科总分的 70% 及以上。

在江苏省，考生学业水平测试选测科目等级须为 AB 以上（含 AB），对进档考生执行"先分数后等级"的录取规则。

「校友印象」

CENTRAL ACADEMY OF FINE ARTS

# 中央美术学院

## 爱、梦想
### 与希望

小时候，我就喜欢听神笔马良的故事，拿着蜡笔在本子上涂涂画画，立志自己也要当神笔马良一样才华横溢的少年。长大后，我终于拿到了中央美术学院的录取通知书，在惊喜之余，也感受到了这座百年学府的厚重和力量。

中央美院的通知书别出心裁，由六个信封组成，一封一封拆开它们的过程，也是认识这所百年老校的过程。"欢迎你，为理想而来"，多么暖心的寄语，这则走心的通知书也像一份内涵丰富的礼物，有过往，有当下，更有未来，值得我去珍藏一生。

生活中有很多美，发现美、表达美，这是每个中央美院学子必备的素养。在中国美术学科最顶尖学府的熏陶下，校园里每个人都是懂点美学的。一所学校美，首先在于其校园风景美，这也是能够呈现给外界的最为直观的美。春天的校园虽然没有繁花似锦，但藤蔓交织之下的教学楼也不失为一道亮丽的风景。

校园里的雕塑同样匠心独运，雕塑本身就是一种艺术的表达方式，而每座雕塑背后也都有一个引人入胜的故事，像《公交站》这座由海外艺术家捐赠的雕塑在美院的地位就不可撼动。艺术来源于生活，更要高于生活，艺术之美也只有在最平凡的生活中才能体现得淋漓尽致。《公交站》就是一个微型社会的演绎，我们作为社会这个大生命体的小细胞，在这里品味过人生百态，焦急等待、欢喜相遇、匆匆别离，总是在不断地路过，又急忙赶往下一站。而这位艺术家希望人们在等待公交车的时候可以尽量不那么匆忙，或许多停留一会，就能发现生活中的小美好。有时候，当我对未来感到迷茫时，也会来这座雕塑前看一看，试着让自己慢下来、好好地思考。

这里是高等学府，更是艺术集散地。中央美术学院的美术馆囊括了1.9万多件艺术珍品，跨越古今，贯通中西。在这里，艺术无国界，艺术无种族，体现的是大爱。艺术的载体可以有很多，如国画、油画、版画，艺术的表现方式也可以有多种，如雕塑、刺绣、雕刻。在这里，我们还能沿着古人的艺术探索之路，感受艺术文明的发展历程，种类丰富的拓片就是最好的证明。艺术的魅力还在于分享，这里的藏品多是来自中外艺术家的捐赠及历届优秀学生的作品。

在工作室里挑灯夜战，也是中央美院人的日常。想成为"神笔马良"不是一蹴而就的，而是一场旷日持久的征程。有时候工作得太晚，我索性就在椅子上进入了梦乡，不过还是要为了食堂凌晨 4:30 的包子早起拼搏一下，完成了作业后，吃包子竟然能吃出丰收的喜悦。

中央美院虽然面积不大，但是包罗万象，它看似外表高冷，其实点点滴滴中都能让人感受到艺术的温度。"尽精微，致广大"，中央美院的校训就是最好的概括。来到这里的你，一定是热爱艺术、热爱生活的。在中央美院人精湛的画笔下，生活也孕育着无限可能。爱、梦想与希望，是中央美院人的三大关键词。我在中央美院不仅学习了绘画技能，还懂得了如何发现美，这是终生受用的能力。如果说前者是进入社会的立身之本，那么后者则是通往生活艺术大门的入场券。

## 尽精微，致广大

### ★ 中央美术学院

中央美术学院的前身是国立北平艺术专科学校，可以追溯至 1918 年著名教育家蔡元培先生倡导成立的国立北京美术学校，著名美术教育家郑锦担任第一任校长。这是中国历史上第一所国立美术教育学府，也是中国现代美术教育的开端。1949 年 11 月，国立北平艺术专科学校和华北大学三部美术系合并，成立国立美术学院，毛泽东主席题写院名，徐悲鸿担任第一任院长。1950 年 1 月正式定名为中央美术学院。在 100 多年的办学历程中，中央美术学院会集了中国美术界一批以大师为代表的高端艺术人才，形成了蔚为壮观的美术教育精英队伍。新中国建立前，中央美术学院在曲折的办学历程中，吸引了许多艺术名家担任教职，其中既有中国画大师，如陈师曾、齐白石等，也有从海外留学归来的艺术大师和史论家，如林风眠、徐悲鸿等，一批颇具影响力的文艺界人士也曾在学校任教或兼课，如郁达夫、周作人等，学校也培养出了一批颇具影响力的人才，如王子云、刘开渠等。

中央美术学院是国家"双一流"建设高校，学院致力于建设造型、设计、建筑、人文等学科群相互支撑、相互影响的现代

形态美术教育学科结构，设有 15 个专业院系，25 个本科专业。学院教学科研面积共占地 495 亩，图书馆是目前国内最先进的美术专业图书馆之一，共有图书近 40 万册。美术馆藏有珍贵藏品，其中包括明清以来的卷轴画 2000 多件。美术馆还定期举办本院师生作品展，承办国内外学术水平较高的美术展览。

中央美术学院从 2004 年开始试行学分制教学管理和新的教学院历，每年设 38 个教学周，分三个学期。第一学期 20 周，主要安排学校及各个专业学院规定的必修课程；第二学期 10 周，主要安排各专业课程及外出教学课程；第三学期 8 周，主要由学校安排专业选修课程及公共选修课程，学生可以根据自己的爱好及专业发展需要自主选择跨专业课程学习。另外，中央美术学院的美术学、设计学已入选"双一流"建设学科。

## 报考须知

### 生活在中央美术学院：

学校总共有 3 个食堂，其中南区的一食堂和二食堂主要给学生提供大众菜，以及炒饭、焖锅等种类繁多的特色美食。而北区的三食堂主打高端优雅路线，一层设有安静的咖啡厅，这为学生提供了就餐与静心创作的空间；二层的旋转小火锅也是三食堂的招牌，学生不用出校门就能够吃上一顿热气腾腾的火锅。

中央美院的宿舍有上床下桌的四人间以及上下铺的六人间，每个宿舍都安装了空调，并且每层楼都配备公共卫生间与洗漱间供学生使用，公共澡堂也很方便，而且各层的洗衣机与烘干机也可以为学生提供洗衣与烘干服务。

在中央美院，除了各种美术社团，动漫社、戏剧社、民乐社等五花八门的社团也足以让学生眼花缭乱。每年到了社团招新的日子，各个社团都会使出浑身解数吸引新鲜血液加入，各种招新海报也都相当有意思。选修课方面，像策展实践、美育导论、艺术教育等课程都深受学生喜爱，还有篆刻欣赏与基础练习这门课，即便是零基础的同学也可在这门课上找到书法与篆刻的乐趣。

### 第四轮教育部评定 A+ 学科：

美术学。

**学费标准：**

人文学院、艺术管理与教育学院学费为 8000 元 / 学年，（中法）艺术与设计管理学院国内学费为 45000 元 / 学年，学生赴法国学习期间学费及生活费按法方学校收费标准缴纳，其他院系学费为 15000 元 / 学年。

**住宿费用：**

1200 元 / 学年。

**录取规则：**

造型艺术、中国画、书法学、实验与科技、艺术设计、城市艺术设计、文物保护与修复、建筑学、艺术学理论、艺术与设计管理、美术学面向全国招生，不编制分省招生计划，艺术类文、理科考生兼招，安排在艺术类提前批次进行录取。校考专业录取时原则上只录取院校第一志愿考生。

按专业考试成绩排名录取：造型艺术、中国画、书法学、实验与科技、艺术设计、城市艺术设计、文物保护与修复，考生文化课相对成绩达到学校文化课录取控制线要求，依据专业校考复试成绩排名录取。专业考试名次并列且招生计划不足时，按文化课相对成绩排序录取。

按文化课相对成绩排名录取：（1）建筑学、艺术学理论、艺术与设计管理：考生专业考试成绩合格，依据考生高考文化课相对成绩文理科统一排序，择优录取。文化课相对成绩并列且招生计划不足时，按专业成绩排序录取。建筑学各省（区、市）录取人数原则上不超过 12 人，艺术学理论各省（区、市）录取人数原则上不超过 8 人。（2）美术学："美术学和设计学类"省级统考合格的考生按高考文化课相对成绩文理科统一排序，择优录取。文化课相对成绩并列时，则依次比较语文、数学、外语成绩，单科高者优先。美术学各省（区、市）录取人数原则上不超过 8 人。

「校友印象」

CENTRAL CONSERVATORY OF MUSIC

# 中央音乐学院

## 奏响青春的乐章

中国有 11 所音乐学院，央音首屈一指。

面积不大、古香古色，建筑飞阁流丹、红墙绿瓦，是最经典的古典建筑风格，这是中央音乐学院给我的第一印象。走进这里，有时候会感觉自己身处于皇家园林之中。没错，这里就是音乐学术界的皇宫。练琴房里，高手如云；大礼堂里，歌声悠扬。这里人才辈出，乐器齐全，随便一组合就是一个交响乐团。

在皇城根下的琴房里练琴是什么感觉？到央音的智慧琴房一看便知，这里本来是学生日常练习和教师教学的地方，结果意外成了网红点。当黑科技和艺术碰撞，能擦出什么样的火花，答案只有每天在这里辛勤苦练的学子才知道。

学生公寓南侧一角，有来自陕北的苹果树，赓续着我们的红色血脉。作为延安鲁艺的传承者，央音人将这些果树视为艺术之根。在肥沃的土地上，苹果树枝繁叶茂，每到春天，就会开满纯洁的小白花；每到秋季，还能收获香甜多汁的苹果。

央音一直在想方设法给学生改善校园环境。全世界第一座施坦威花园就坐落在央音，由垃圾场改造而成。花园里的施坦威钢琴骨架和教学楼内的琴房遥相呼应，不经意之间，这里就变成了一座"会唱歌"的花园，就是这么有创意！花开的季节，音符在空气中飘荡，伴着淡雅的花香，带来了更为沉浸式的体验。

漫步校园，时不时能听到从远处飘来的优美歌声，时而是民族歌，时而是流行歌曲，滋润着我们的心田。

央音的毕业典礼仪式感满满，汇报演出精彩纷呈，大家在舞台上展现自己的独特魅力。在这里，每个人都有学生之外的身份，那就是艺术家。或许来到央音之后，才是你艺术生涯的开端，但能够走入这里，足以证明你已经拥有了优秀的开场白。临别的那一刻，也是下一场旅程的开幕式。至今我都保存着央音的录取通知书，这份通知书是我艺术之路的指引明灯，散发着熠熠的光芒。

从萤火虫般的微弱，到太阳般的光芒万丈，央音见证着每个人的努力。音乐，需要用梦想来承载，这里就是音乐梦想的起航之地。艺术之梦，需要用勤奋来亲手勾勒。宽敞明亮的琴房里，大家在用自己的方式来争分夺秒。很多央音的学子，返校的第一件事情当然也是练琴。放下行李，第一时间就要来到久违的琴房，找找乐感。

对音乐的热情，不会因为暂时的退场和离别而消逝。人生之路，始于当下；青衿之志，履践致远。在鲍家街43号醇亲王府——中国最高的音乐学府，一起奏响属于自己的乐章；在流淌的音符里，和央音学子奔赴诗和远方吧。

## 音之殿堂，乐之摇篮

★ **中央音乐学院**

中央音乐学院于1949年由中央人民政府政务院命名成立，是由1938年成立的延安鲁迅艺术学院音乐系、1940年建立的重庆国立音乐院、1948年成立的华北大学三部音乐系、1918年成立的国立北平艺术专科学校音乐系等几所音乐教育机构合并组建而成，是一所培养高级专门音乐人才的高等学府。中央音乐学院是国内外音乐人才向往的地方，70余年来，学校已建立起实力雄厚的师资力量和教学管理队伍，在教学、创作、表演和科研中涌现出一批有突出贡献的专家和学者，吸引了大批国内外有才华的年轻音乐家来校学习，培养了数万名优秀音乐人才，其中大多数已成为国内外享有盛誉的作曲家、音乐学家、音乐教育家、音乐表演艺术家、文化艺术机构的领导人和业务骨干。

中央音乐学院是国家"211工程""双一流"建设高校。作为全国音乐教育、创作、表演和研究中心，以及社会音乐推广中心，中央音乐学院是一所代表中

国专业音乐教育水平，专业设置齐全，并在国内外享有很高声誉的音乐学府。学校设有作曲系、音乐学系、指挥系、钢琴系、管弦系、民乐系、声乐歌剧系、音乐人工智能与音乐信息科技系、音乐教育学院、提琴制作研究中心、人文学部、附属中等音乐学校、现代远程音乐教育学院、继续教育学院、鼓浪屿钢琴学校等教学院系和教育部人文社会科学重点研究基地——音乐学研究所等机构。学校占地面积不足百亩，截至2023年12月，中央音乐学院有全日制学生2000多人，专任教师数百名。值得一提的是，中央音乐学院的音乐与舞蹈学已入选"双一流"建设学科。

## 报考须知

🎓 **生活在中央音乐学院：**

中央音乐学院的食堂数量不多，但主打一个"精"字，位于宿舍楼下的学生食堂，总共有三层，为学生提供了各种各样可口的饭菜。其中负一层以大众菜为主；一层是以梅菜扣肉、水煮鱼等小碗菜为主的风味食堂，学生下课后可以来这里解解馋，品味来自全国各地的美食；二层清真食堂提供西北美食。

中央音乐学院的宿舍环境在寸土寸金的北京二环算是相当不错的，宿舍一般是上床下桌的四人间或者六人间，配备衣柜、书桌、储物柜等，每个宿舍装有风扇，但空调跟独立卫生间只有部分宿舍才有，不过每层都配备公共卫生间与浴室，同时饮水机、吹风机、洗衣机等设施也一应俱全，学生基本的生活需求统统都可以得到满足。另外央音宿舍楼下还安装了智慧琴房，学生可以免费使用。

中央音乐学院近几年还开设了许多特色选修课，有西方音乐史、世界民族音乐、合唱与指挥等课程，学生不用出校门就可以跟音乐界的许多高水平老师进行面对面的交流。同时，动漫社、戏剧社等种类繁多的学生社团，也给学子提供了一个与志同道合的伙伴们一起玩乐的舞台。像阿卡贝拉人声社团就受到了很多同学的欢迎，社团成员们在学校音乐节、毕业晚会中都贡献出了许多精彩的作品。

### 第四轮教育部评定 A+ 学科：

音乐与舞蹈学。

### 学费标准：

一般为 900～1200 元/学年。

### 住宿费用：

1号学生公寓的住宿费为750元/学年，2、3号学生公寓的住宿费为900元/学年。

### 录取规则：

在专业合格的考生高考文化课（文考）成绩达到学校录取控制分数线，且政审及体检合格的情况下，根据各专业录取原则，对考生的校考成绩与文考成绩进行综合评价、择优录取，宁缺毋滥。

若按照专业设置，各省（区、市）艺术类录取控制分数线以"音乐表演专业"分数线为准；如设有两批（两类）或以上艺术类录取控制分数线，除标明学校所属批（类）外，以高线为准。如果有不设定艺术类录取控制分数线的，或所设艺术类录取控制分数线不能对应学校性质的，学校自行认定分数线。

凡实行考试招生制度改革试点的地区，对高中学业水平考试科目要求不限。

考生被录取后，除钢琴、管风琴、打击乐器（小军鼓除外）和竖琴外，其他乐器一律自备。

「校友印象」

NORTH CHINA ELECTRIC
POWER UNIVERSITY

# 华北电力大学

## 只为守护
### 那片光明

在我们学校，所有的课程都充满了"电力味儿"，这就是华北电力大学。华电是电力之光，不管是大气磅礴的三峡水电站，还是规模恢宏的大亚湾核电站，祖国的电力事业中总有来自华北电力大学校友的一份力量。

来到北京本部，首先映入眼帘的是设计独特的连体主教学楼，这是让我们华电学子引以为傲的建筑群。千万不要小看它，在里面迷路几乎是每个"萌新"的"必修课"。所以来这里上课一定要虚心听取师兄师姐的建议：尽量提前出发。

在这座"电力十足"的校园里，学习地点也十分多样化，每一个地方都被聪慧的华电学子充分利用起来。每每阳光充足的时候，主楼的连体走廊上就会有很多学习的学生。但是考研的同学更愿意选择自习室作为根据地，那里有着干净明亮的大玻璃窗，窗外茂盛的绿植有助于赶走疲劳，是最好的治愈系风景，而且在那里不用来回挪动，相对稳定。

初来乍到的我，害怕自己不是那么标准的英语口语会引来同学们异样的眼光，总是不敢张口。后来我暗自下定决心要好好练习，便在月亮湾找了一个安静的角落，

在对着茂密的绿植高声诵读时，我望着一泓清水中自己的倒影，发现原来勇敢地迈出第一步也就是一瞬间的事。不过，每到英语四六级考试的前夕，来月亮湾学习的同学也不少，原本安静的地方也会变得熙熙攘攘起来。

电，为人类的生活带来了诸多便利与美好。今天的我们，恐怕已经无法适应没有电的生活。而华电，不仅见证了新中国电力事业的发展，也培养了一批又一批优秀的电力人才。我们能够实现"用电自由"，离不开一代代华电人的努力与付出。华电人重视能源，也珍视生态环境，蓝色的校徽体现了学校提倡可持续、科学和谐发展的理念，而中间红色的"E"则代表着华电人心中想要建设祖国的激情，这份激情无疑也能让遍布世界各地的华电学子紧紧凝聚在一起。

校园里的一草一木，记录着华电人的生活点滴，见证着华电人的付出，见证着华电人为了守护那片光明而做的种种努力。

## 电力行业之黄埔军校

★ **华北电力大学**

华北电力大学于1958年在北京创建，原名北京电力学院。学校长期归国家电力部门管理。2003年，学校转归教育部管理，现由国家电网有限公司、中国南方电网有限公司、中国华能集团有限公司、中国大唐集团有限公司、中国华电集团有限公司、国家能源投资集团有限责任公司、国家电力投资集团有限公司、中国长江三峡集团有限公司、中国广核集团有限公司、中国电力建设集团有限公司、中国能源建设集团有限公司、广东省能源集团有限公司等12家特大型电力集团和中国电力企业联合会成立的理事会与教育部共建。

华北电力大学是国家"211工程""双一流"建设大学，是一所以能源电力科学与工程学科群为主的高水平研究型大学。学校设有15个学院，67个本科专业。学校占地1600余亩，图书馆藏书上百万册。学校有全日制本科生2.4万余人，研究生1.2万余人，有教职工3000余人，其中专任教师2000余人，中国工程院院士3人，其他各类高层次人才百余名。

第二轮"双一流"建设大学名单显示，华北电力大学的电气工程已入选"双一流"建设学科。学校积极参与国家创新体系建设，在新能源、特高压、智能电网、清洁煤电、核电等重要领域都取得了显著成果，建有4个国家级科技创新平台、1个国家级国际科技合作基地，7个高等学校学科创新引智基地，以及44个省部级科技平台及研究基地，学校也入选了国家创新人才培养示范基地。

## 报考须知

### 🎓 生活在华北电力大学：

在华北电力大学食堂吃饭是一件非常享受的事情。这里不仅环境好，食物也量大价优。食堂菜品丰富，除了提供家常菜，还有许多风味菜，满足了不同学生的口味与需求。像学生第一食堂的拉面、担担面、陕西油泼面，是公认的华电必尝美食。学生第二食堂还设有清真餐厅，非穆斯林同学也可以进入。顶层还有露天阳台，学生可以边吃饭边欣赏校园风景。

华北电力大学的宿舍大多为标准的六人间，为上床下桌布局，有阳台，有空调，没有独立卫浴。但是宿舍楼每一层都有带隔间的浴室，学生不用担心隐私问题。宿舍楼里也设有自动洗衣机、净水机等，非常方便。

华北电力大学有不少选修课，行书书法、专利法、证券交易模拟、经典影视广告鉴赏等课程都很受同学们喜爱。华北电力大学的学生社团种类也很丰富，有篮球社、乒乓球社、音乐社、舞蹈社等，很多社团会定期举行比赛，为同学们提供展现自我的舞台。值得一提的是，学校还有大学生艾滋病防疫社团，这是一个公益性质的社团，旨在通过宣传艾滋病防治知识，增强学生的自我保护意识，减少艾滋病感染的发生。

## 学费标准：

北京校部、保定校区理工科专业学费标准为5500元/学年，英语和翻译专业学费标准为6000元/学年，其他普通专业学费为5000元/学年。保定校区产品设计专业（艺术类）的学费标准为8500元/学年。

## 住宿费用：

800～1200元/学年。

## 录取规则：

学校以英语作为基础外语安排教学。外国语言文学类限语种为英语的考生报考，计算机类、自动化类、电子信息类、经济学类由于专业类培养与英语密切相关，建议非英语考生慎重报考。

学校录取和专业安排以高考投档成绩为准。对于符合学校投档要求的考生的专业安排，除对高考录取有特殊规定的高考综合改革省（区、市）外，学校将按照"分数优先、遵循志愿"的原则进行录取，不设专业级差。考生分数相同时，按照专业志愿顺序进行录取。若考生分数及专业志愿顺序均相同，则优先录取专业相关科目成绩高者。相关科目成绩比较顺序：文史类考生依次比较语文、数学、外语成绩，理工类考生依次比较数学、语文、外语成绩。考生所有专业志愿都无法满足时，若服从专业调剂，则调剂到未录满的专业或尚有调剂计划的专业，否则，作退档处理。

对浙江省、山东省、河北省、辽宁省、重庆市考生，由考生所在省（市）教育考试院按其有关规定直接投档到专业。对上海市、北京市、天津市、海南省、江苏省、福建省、湖北省、湖南省、广东省考生，由考生所在省（市）教育考试院按其有关规定投档，学校按照"分数优先、遵循志愿"的原则进行录取。考生投档分数相同时，按照专业志愿顺序进行录取。若考生投档分数及专业志愿顺序均相同，则参照考生所在省（市）教育考试院的排序规则进行录取。高考综合改革省（区、市）的考生报考时其选考科目须符合学校公布的专业类选考科目要求。

「校友印象」

CHINA UNIVERSITY OF
POLITICAL SCIENCE AND LAW

# 中国政法大学

## 我们
### 牛前见

"牛前见！"相信听得懂这句暗号的朋友，一定和中国政法大学有一段别样的渊源。在高校如林的昌平区，中国政法大学也是其中重量级的一分子。作为我国顶尖政法类人才的输出地，这所高校历来就有"俯首甘为孺子牛"的开拓精神，雕塑《拓荒牛》就是学校最具代表性的标志，每当听到"牛前见"时，大家一定会心领神会，并准时到达雕塑基座下。

在昌平校区竹园南侧，坐落着一块刻有《面朝大海，春暖花开》诗歌的海子纪念石，大家用这种方式纪念着这位曾身为345诗社指导老师的诗人，如今这块石头被同学们触摸得极其平滑，在日光下也能反射出光彩，足见前来瞻仰的人数之多。走进法渊阁，首先映入眼帘的是用各种文字书写的"法"，这里也是亚洲法律图书藏书最多的图书馆。在法渊阁的窗边，迎着清晨的日光，伴着浓浓的书香，自习、阅读都极其轻松惬意。

法渊阁东侧的法治广场，立有一面以"苏格拉底之死"为主题的建筑墙，学校借此对所有学子发出警示，良法之治和善良之治才是实现法治的前提，法治捍卫人权，人权体现法治。明法楼的法治浮雕，演绎了中国法学史的前世今生，也记录着人类在追求法治之路上的生生不息。从最原始的神灵审判，到最早的成文法典《汉谟拉比法典》的颁发，到后来《世界人权宣言》的横空出世，全人类终于在法治上达成了共识。

法治，是现代文明的重要标志，更是每个政法人心中亘古不变的行事准则。法大的每个学子，不论什么专业，始终都怀着对法治的崇敬。还记得刚入学时，在逸夫楼大厅大家一起庄严地诵读入学誓词的场景，至今回想起来仍然心潮澎湃，这是所有政法新生的开学第一课。一旦进入了法大，就意味着半只脚已经踏入了我国的政法事业。法治神圣而庄严，文明而圣洁，

## 中国法学教育的最高学府

★ **中国政法大学**

中国政法大学的前身是1952年由北京大学、清华大学、燕京大学三校的政治系、法律系和辅仁大学的社会系合并而成的北京政法学院,毛泽东同志亲笔题写了校名。之后学校有过搬址、停办,直到1978年复办。1983年,北京政法学院与中央政法干校合并,组建成立中国政法大学。1986年,邓小平同志亲笔题写了校名。中国政法大学被誉为"中国法学教育的最高学府",在70余年的办学历程中,学校为国家培养了30多万名优秀人才。学校是国家法学教育和法治人才培养的主力军,参与了自建校以来国家的几乎所有立法活动,引领国家法学教育的创新、法学理论的革新和法治思想的更新,代表国家对外进行法学学术和法治文化交流。同时,学校多学科和跨学科的人才培养模式也为社会输送了一大批人文社会科学高级专门人才,成为国家政治、经济、社会、文化等领域人才培养的生力军。

法治是一种现代化的精神文明,这在每个法大学子眼中已经是定律。

法治可以带来社会的良性循环,有了法治,才有助于理解"自由"二字的真谛。"厚德、明法、格物、致公",中国政法大学的学子始终怀着对先贤的无比崇敬来做人和治学。在校园内,先贤们的身影随处可见,孔子、彭真、雷洁琼、谢觉哉、钱端升……跟随着这些伟大教育家的脚步,在法治的道路上,我们必定会昂首阔步。军都山下,我们牛前见!

中国政法大学是一所以法学学科为特色和优势，兼有政治学、经济学、管理学、文学、历史学、哲学、教育学、理学、工学等学科的国家"211工程""双一流"建设大学。学校设有21个教学单位。截至2023年9月，学校图书馆拥有纸质文献270多万册，电子图书240多万册。学校有在校生1.8万余人，其中内地本科生9000余人，内地研究生8000余人，港澳台侨学生及外国留学生700余人；有专任教师1000余人，其中高级职称700余人，博士生导师300余人、硕士生导师800人左右。

第二轮"双一流"建设大学名单显示，中国政法大学的法学已入选"双一流"建设学科。学校是"中国人文社会科学领域的学术重镇"，尤其是法学研究的重要阵地，是全国人大法工委唯一的高校"立法联系点"。学校还设立了习近平法治思想专门研究机构——习近平法治思想研究院。除此之外，学校还设有1个教育部哲学社会科学实验室（数据法治研究院），1个国家高端智库培育单位、国家人权教育与培训基地（人权研究院），2个教育部人文社会科学重点研究基地（诉讼法学研究院、法律史学研究院），1个教育部重点实验室（证据科学研究院）等诸多科研机构。

## 报考须知

### 🎓 生活在中国政法大学：

中国政法大学昌平校区共有4个食堂，可以满足学生的不同需求。一食堂二楼的生椒抄手、砂锅鸡杂粉，二食堂石锅窗口的猪排饭、新疆风味牛羊肉，还有五食堂的鸡蛋灌饼，都是不容错过的。另外，中国政法大学还有五块钱不到的奶茶，味道并不比外面贵的差，真的非常实惠！

中国政法大学本科生宿舍有四人间与六人间，配有桌子、椅子、储物柜、电风扇等，设施齐全，冬天还有暖气供应。另外，每层楼都有卫生间以及洗漱间，并配有净水器、公用洗衣机以及冷水淋浴房。如果学生想要洗热水澡的话，要去公共浴室。

选修课方面，中外文学名著导读、周易概论、中国佛教哲学、中国画笔墨与技法基础、社会心理学等课程都深受学生喜爱。在社会心理学的课堂上，老师会给学生安排课堂游戏，并针对学生的一些心理现象进行分析解读，每个学生都可以尽情地讨论和探究，这对同学们更好地处理人际关系也有很大帮助。除此之外，中国政法大学还有很多优秀的社团，例如法学社、模联协会、书法协会、武术协会、美术协会等。其中法学社在中国政法大学最为出名，成员中有不少专家与知名学者。

### 第四轮教育部评定 A+ 学科：

法学。

### 学费标准：

德语、英语和翻译专业学费为 6000 元 / 学年，其他专业学费为 5000 元 / 学年。

### 住宿费用：

有 650 元 / 学年、750 元 / 学年、900 元 / 学年三种不同收费标准。

### 录取规则：

在进档考生思想政治品德考核和身体健康状况检查合格的情况下，学校按照分数优先、不设专业级差的原则，根据考生的投档成绩和专业志愿的顺序综合考虑，择优录取。在投档成绩相同的情况下，依次参考考生高考总分（不含政策加分）、专业志愿顺序和相关科目的高考成绩。

相关科目的高考成绩比较顺序如下：经济学、金融工程（成思危现代金融菁英班）和信息管理与信息系统（法治信息管理实验班）依次比较数学、外语、语文成绩；法学（北京外国语大学联合培养涉外法治人才）、英语、德语和翻译专业依次比较外语、语文、数学成绩；其余专业依次比较语文、数学、外语成绩。

英语和翻译专业只招收外语语种为英语的考生，德语专业只招收外语语种为德语、英语的考生，其他专业外语语种不限。法学（北京外国语大学联合培养涉外法治人才）专业授课外语语种为英语，外语语种非英语的考生需谨慎报考。

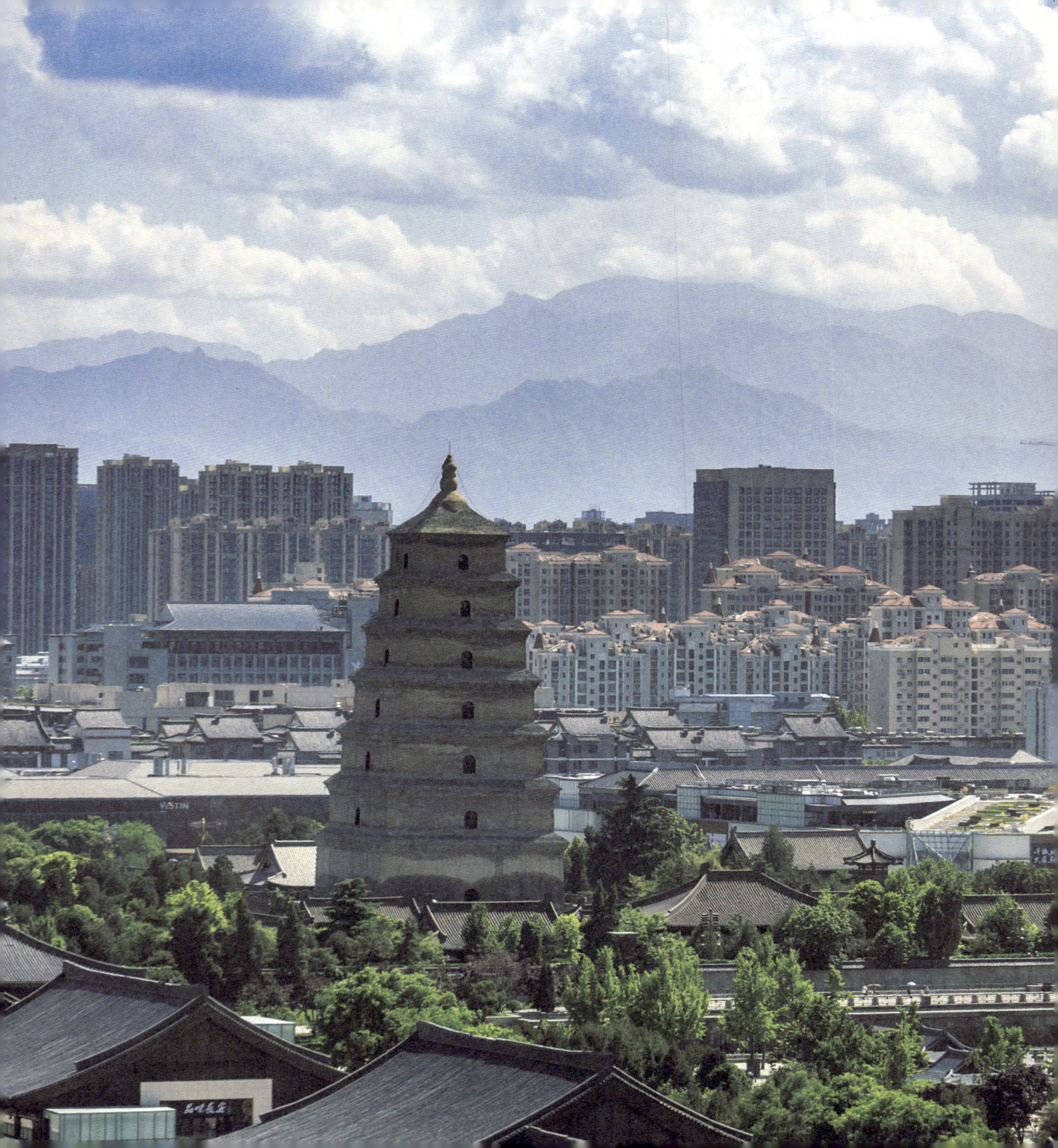

# 西安

XI
AN

「校友印象」

XI' AN JIAOTONG UNIVERSITY

# 西安交通大学

## 梧桐不仅仅是
### 深秋的代表

趴在书桌上醒来，望向窗前，发现已经是晨光熹微，我把毕业设计和论文打包发给老师，合上电脑，打算上床睡个回笼觉，突然接到武术学会会长的电话，说毕业晚会的节目有变动，要再排练几次。

武术协会在我们学校有着悠久的历史，每一次演出都力求完美，就算是一个简单的动作，也要做到极致。毕业晚会的表演并非为了展示我们各自的武术，也不是为了博得台下众人的喝彩，而是为了将武术的精髓和我们的精神力量传达给大家，同时将这一传统文化传承下去。因此，我十分理解会长的用心，他并非为了争夺第一或者鲜花和掌声。

这是我在西安交大生活四年所获得的最大感触，传承文化和精神，探索真理和新知，是西安交大最想做的事情。

这也渐渐成为我最想做的事情，我在喜欢的小天地里努力成为更好的自己，拿了四年奖学金，学习热爱的武术，做了自己喜欢的毕业设计，结交了一群善良友好、志同道合的朋友。

这四年，我无怨无悔。

我洗漱收拾后赶紧出了寝室，脚步轻快，摩拳擦掌、跃跃欲试，脑海里是一个个大开大合的动作。忽然，一抹幽香入鼻，抬头望去，一大片梧桐花在不远处飘动，我想起深秋时从这里漫步走过的样子，大片大片金黄色的梧桐叶铺满地面，脚踩在上面，会发出"沙沙"细响，抬头时，人也会被漫天的金黄震撼。我本以为深秋的梧桐是最美的，但没想到春末的梧桐同样引人入胜。

一群学弟学妹从我旁边飞奔而过，瞧这阵势，是龙舟俱乐部的成员，马上就要举办端午龙舟竞赛活动了。去年我因为要做兼职，没有去观赛，据说非常热烈精彩，今年一定要去看看。不远处戏曲社、舞狮社也在练习节目，好不热闹！过去的我只关注自己感兴趣的事，每天披星戴月，活得匆忙，从来没有抬起头看看其他人和其他事。直到快要毕业了，我才停下步伐看看沿途风景。

西安交大在每个人的眼里都是不一样的，有的人惊叹于她是我国最早创办的高校之一，有的人折服于她的那些王牌专业，想要在这些领域发光发热，有的人倾情于她在传承传统文化上所做出的努力。但我知道，西安交大是多元的，学校在教书育人、教我们探索真理的同时，也关注我们的生活和人格，让我们能够更加恣意地生长，体验快乐的大学生活。

不过，就像有的人喜欢落满梧桐叶的道路，有的人喜欢粉嫩浪漫的樱花大道，有的人喜欢教学楼深夜闪烁的灯光，有的人喜欢赛龙舟时掀起的层层热浪，我更喜欢今日的梧桐花，因为我发现，梧桐不仅仅是深秋的代表。而西安交大之于我，也不仅仅是一所学校。她教养了我，让我成为一个全心传承文化和精神、探索真理和新知的我。

不知不觉，我脚下的步伐更加轻快了。

## 西北第一学府

### ★ 西安交通大学

西安交通大学历史悠久。19世纪末，甲午战败，民族危亡。近代著名实业家、教育家盛宣怀秉持"自强首在储才，储才必先兴学"的信念，于1896年在上海创建了南洋公学，1921年定名为交通大学。学校坚持"求实学、务实业"的办学宗旨，强调"修一等品行、求一等学问、创一等事业、成一等人才"的办学目标。至20世纪二三十年代，成为独具"理工管"特色的著名大学。抗战时期，学校移至租界，内迁重庆，坚持沪渝两地办学，为抵御外侮，不少学生投笔从戎，浴血沙场。解放前夕，师生积极投身民主革命和解放斗争，学校被誉为"民主堡垒"。1955年后，学校迁至西安，1957年分设交通大学西安、上海两个部分。2000年，西安交通大学、西安医科大学、陕西财经学院三校合并，组建为新的西安交通大学。建校120多年来，学校培养出了一大批卓越的政治家、科学家、社会活动家、教育家、企业家、艺术家、医学专家等，如蔡锷、张元济、蔡元培、李叔同、钱学森等；迁校以来，学校为国家输送了各类人才29万余名。

西安交通大学是我国最早兴办、享誉海内外的著名高等学府，是国家"985工程""211工程""双一流"建设学校。作为一所涵盖理、工、医、经、管、文、法、哲、艺、教育、交叉等11个学科门类的综合性研究型大学，学校设有34个学院（部、中心），9个本科书院和3所直属附属医院，76个本科招生专业。学校占地面积约5000亩，图书馆累计藏书500多万册（件）。截至2023年6月，学校有学生5.4万余名，其中本科生2.2万余名，研究生2.9万余名，留学生3000多名；有在编教职工6600余人，其中专任教师3700余人。师资队伍中，入选院士、杰青等国家级各类重大人才工程545人次，获评国家级各类创新团队51个，为国家做出突出贡献并享受政府特殊津贴的专家450名，国家级教学名师11名。

第二轮"双一流"建设大学名单显示，西安交通大学有力学、机械工程、材料科

## 报考须知

### 生活在西安交通大学：

"家大业大"的西安交通大学总共有四个校区，主校区兴庆校区以康桥苑、梧桐苑两大食堂为主。康桥苑总共有四层：一楼有各种早餐供应，大部分窗口以面食为主，也提供自选菜；二楼以来自全国各地的特色美食窗口为主；三楼除了有包间提供，还有饮品店、水果店、超市等；四楼是教职工餐厅。

西安交通大学的宿舍大多是四人间，创新港校区的宿舍为单人间。目前西安交大的每个宿舍都已经配备了空调，冬天会供应暖气，部分宿舍还带有独卫和阳台。此外，每栋宿舍楼内部还建有阅览室、排练厅、咖啡屋、自习室、多功能室、学生社团室等公共活动区域。

西安交通大学还拥有丰富的学生社团，涵盖了文化艺术、体育运动、学术科技、志愿服务等各个领域。拥有百年历史的武术协会，会员有上千人，想要习武强身的学生可以加入。另外烹饪课、手工陶艺课、绿化养护课、壁球课等更是西安交大选修课中的热门课程。

### 第四轮教育部评定 A+ 学科：

动力工程及工程热物理、电气工程。

### 学费标准：

文科类学费为 5500 元/学年，理工类学费为 6600

学与工程、动力工程及工程热物理、电气工程、控制科学与工程、管理科学与工程、工商管理共 8 个"双一流"建设学科。学校另有全国（国家）重点实验室 9 个，国家工程（技术）研究中心 10 个，国家产教融合创新平台 3 个，国家国际科技合作基地 5 个，国家应用数学中心 1 个，2011 协同创新中心 1 个，其他省部级及以上重点科研基地 228 个。

元/学年，医学类学费为7150元/学年，美术类学费为15400元/学年。会计学（ACCA）专业新生入学还需一次性缴纳39000元的培训费、资料费等费用，中外合作办学专业收费标准为90000元/学年，各类试验班学生分流后按新专业年度学费标准收取学费。

### 住宿费用：

800～1200元/学年。

### 录取规则：

对于思想政治品德考核合格、身体健康状况符合相关专业培养要求、高考投档成绩达到各省（区、市）本科一批录取控制分数线[合并本科批次的省（区、市）执行其相关规定]且符合西安交通大学调档要求的考生，学校根据考生高考投档成绩和专业志愿从高分到低分录取。对于投档分数相同的考生，按照各地区招生主管部门确定的同分排序规则进行录取。对于服从专业调剂且体检结果符合相关要求的统招批次考生实行提档不退。

西安交通大学按照考生高考投档分数优先、遵从专业志愿、不设专业分数级差的原则进行专业录取。投档分数相同的按各省（区、市）确定的同分排序规则进行录取。

对于所报专业已录满且服从专业调剂的考生，学校将调剂到其他专业录取。对于所报专业已录满但不服从专业调剂的考生，将进行退档处理。

录取时，按照平行志愿投档的批次，未完成的计划将征集志愿；按照顺序志愿投档的批次，坚持优先录取第一志愿报考西安交通大学考生的原则，未完成的计划将征集志愿。征集志愿仍不足则将剩余计划调剂到其他生源充足的省（区、市）完成招生计划。

「校友印象」

NORTHWESTERN
POLYTECHNICAL UNIVERSITY

# 西北工业大学

## 春来海棠笑，为国铸剑强

初至西北工业大学时，吃了好些苦，我晕车严重，强忍着才没有吐一路。这路途实在有些遥远，所以我刚到学校的时候，并不太适应。

太偏了，这是我对自己学校的第一印象。

好在这里有娇艳可人的海棠花聊以慰藉，四五月份，海棠树上长满了绿叶，待天气稍微热一些，花骨朵儿就挂满了枝头。静等少许日子，花儿们便迫不及待地绽放开来，不仅让人赏心悦目，还夹杂着浓郁的芳香扑鼻而来。

除此之外，这里的山色湖光同样迷人眼。不远处层叠的秦岭在碧蓝如洗的天空下，显得温润雅致，每次看都有不同的意趣。清晨的它在雾气中朦胧缥缈，午后的它在阳光下婀娜动人，傍晚的它在霞光中熠熠生辉。多美啊，好友来访看到此情此景，不禁沉醉其中，惊叹连连。

虽然这里没有了市中心的便利和热闹，生活在郊外村落也不时被他人嘲笑，但长安校区确实是最适合我们学习生活的，远离了喧嚣，自然心静，只有心静下来，才能专心地面对那些书本课业，才能沉下心来好好做研究。

学校里还有一座我最喜欢的巨大石雕，远远望去，雕像低着头，双手托起重剑，呈递给国家。低头寓意着不求名利，埋头苦干；托剑寓意着专注科研，为祖国母亲的强大贡献科技力量。"隐姓埋名，为国铸剑"是这座石雕的寓意，也是西北工业大学对自己、对所有学子的要求。它也确确实实做到了，从西北工业大学走出了不少不求名利的"无名之辈"，他们在航天、航空、航海这些领域做出了不可估量的贡献。

"三航"是西北工业大学的特色，学校对其重视程度从宿舍楼的命名便可见一斑，海天苑、星天苑以及云天苑，浪漫又具有代表性，不可谓不用心。学校的各种设施也是非常健全的，一栋栋气派的实验楼遍布校园，为师生提供了开展科学研究的场所，还有图书馆、教学楼、运动场……虽然不能满足所有人的需求，但真的很适合学习生活。

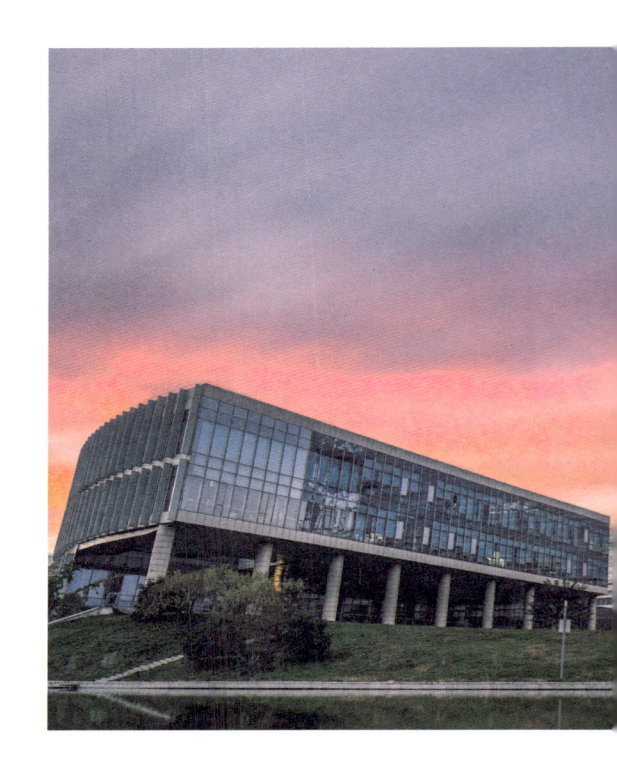

西北工业大学不仅仅有娇俏迷人的海棠花，有充满诗情画意的山水美景，还有为国铸剑的远大抱负、埋头苦干的精神力量。她静静地坐落在秦岭怀中，依山傍水，将我们的生活描绘成一幅美丽的山水画，

## 总师摇篮

### ★ 西北工业大学

1938年国立北洋工学院、国立北平大学工学院、国立东北大学工学院、私立焦作工学院在汉中组建国立西北工学院，1946年迁至咸阳，1950年更名为西北工学院。1952年交通大学、南京大学、浙江大学的航空工程系在南京组建华东航空学院，1956年内迁西安，更名为西安航空学院。1957年10月西北工学院和西安航空学院于在西安合并成立西北工业大学。直到1970年哈尔滨工程学院航空工程系整体并入，成为今日的西北工业大学。据不完全统计，西北工业大学为国防科技事业发展和国民经济建设输送的33万多名校友中，有50位省部级以上领导和67位将军，63位两院院士。在航空领域，一半以上的重大型号总师、副总师为西北工业大学校友。航海领域同样有大批的杰出校友活跃在船舶工业、水中兵器行业的重要管理岗位与核心技术岗位上，英才辈出，不胜枚举。大批西工大学子成为行业精英、国之栋梁。西工大在人才培养领域形成了独有的"西工大现象"，被社会誉为"总师摇篮"。

西北工业大学坐落于陕西西安，是一所以航空、航天、航海等领域人才培养，以及科学研究为特色的多科性、

也为我们的未来书写着气势磅礴的诗篇。我想，我一辈子都不会忘却我在西北工业大学生活的四年，而我，也会将她教会我的铭记于心。

"隐姓埋名，为国铸剑"，这句动人的话也成了我的座右铭。

坐在公交车上，我强忍着吐意，在车子发动前，又回头看了一眼，忽地，似乎闻到一抹海棠花香。

也许，这是她的一声道别，也可能是我有些不舍。

研究型、开放式大学，是国家"985工程""211工程""双一流"建设高校，是"卓越大学联盟"成员高校，是"一带一路"航天创新联盟发起高校。学校设有25个学院和1个生命科学与医学部72个本科专业，占地面积为4600多亩，图书馆累计纸质馆藏文献总量有380余万册。截至2023年8月，学校有学生3.7万余名，教职工4300余人，其中全时两院院士10人、长江学者46人。

西北工业大学的机械工程、材料科学与工程、航空宇航科学与技术已入选"双一流"建设学科。同时，学校重视科研创新，历史上，全国第一架小型无人机、第一台地效飞行器、第一型50公斤级水下无人智能航行器和第一台航空机载计算机均诞生在西北工业大学。学校还牵头建有8个国家级重点实验室，4个国家级工程研究中心，4个国家级国际科技合作基地。学校深度参与了大飞机、航空发动机及燃气轮机、载人航天等国家重大专项的科研攻关。有两所高校是"为中国首次载人航天飞行做出贡献单位"，西北工业大学便是其中之一。

## 报考须知

🎓 **生活在西北工业大学：**

西北工业大学食堂众多，其中星天苑南餐厅有三层，主营快餐、早餐、特色小火锅等，晚间还有烧烤等夜宵，一到夜里，不少学生就喜欢在此处相聚，享受快乐的"夜生活"。星天苑北餐厅与南餐厅一样有三层，二楼是清真食堂，三楼是小餐厅，同时还是烹饪课的教学地。云天苑餐厅提供了很多地方菜以及风味菜，例如瓦罐汤、冒菜等。海天苑餐厅的食物价格亲民，五元就能够吃到一碗热腾腾的面条，实属难得。

西北工业大学的宿舍大多为四人间，部分宿舍为套间形式，由四个小房间组成四室一厅，而且有客厅、独立卫浴，设施齐全。为了让学生生活更加便利，宿舍区还配有打印机、售货柜、公共洗衣房等，附近更是配有理发店与商店，在满足学生基础需求的同时，提供了更多的优质服务。

西北工业大学的选修课不失特色，例如非物质文化遗产掐丝珐琅的设计与制作这门课，不仅十分有趣，而且还能够让学生更好地了解传统文化，意义深远。西北工业大学的学生社团丰富，有学生心理协会、翱翔学生辩论社、学生青焰3D打印俱乐部、学生蒲公英志愿者服务队、学生橄榄球协会、学生零纪年动漫协会、三维设计协会等，这些社团不仅可以丰富学生的日常生活，对他们步入社会也很有帮助。

### 第四轮教育部评定 A+ 学科：

航空宇航科学与技术。

### 学费标准：

软件工程专业一、二年级为 6600 元/学年；三、四年级按学分计，每学分 400 元，总学分不高于 80。各大类学生在专业确认后按所确认专业学费标准收取学费。

### 住宿费用：

一般不超过 1200 元/学年。

### 录取规则：

在考生思想政治品德考核和身体健康状况检查合格、高考成绩符合西北工业大学提档要求的情况下，学校根据分数优先原则，将进档考生的成绩从高分到低分排序后严格按专业志愿顺序安排专业，专业志愿之间不设级差。

在进档考生投档成绩整数位相同的情况下，按相关科目分数高低安排专业：理工类考生依次比较数学、理综、语文、外语成绩；文史类考生依次比较语文、文综、外语、数学成绩。对于实行高考综合改革试点的省（区、市），依次比较数学、语文、外语成绩。

当考生填报的专业志愿都未被录取时，若考生服从专业调剂，则调剂到未满额专业（其中北京、天津、上海、江苏、福建、湖南、湖北、广东、海南考生只能在专业组内进行调剂）；若不服从专业调剂，将予以退档。对于有特殊要求的专业，只录取填报该类专业志愿的考生，包括西北工业大学伦敦玛丽女王大学工程学院的材料科学与工程专业和高分子材料与工程专业，该学院录取的学生入校后不得申请转入其他学院学习。高水平运动队统一安排工商管理专业学习。

「校友印象」

NORTHWEST UNIVERSITY

# 西北大学

## 穷且益坚，不坠青云之志

犹记得当年刚刚拿到西北大学入学通知书的情景，印象最深的就是当时奶奶的问话。

"静考上大学了啊，真好！是什么大学？"

"奶，我考上的是西北大学！"

"啥，西北大学？是在新疆还是在青海啊？那边条件一定很艰苦。"

啊？西北大学怎么就成新疆青海的了？它明明坐落于十三朝古都西安。好吧，我承认，西北大学这个名字确实比较容易让人误会。

其实，西北大学是国内少有的拥有上百年历史的名校，西大的校园里有太多的历史痕迹，就拿随处可见的井盖来说吧，有污水井盖、电信井盖，圆井盖、方井盖，等等，这些井盖上往往标有确切的制作年份，比如"西北大学1957""西北大学一九八一"的井盖，最古老的是一块1954年的井盖，迄今为止已有70年的历史，实属爷爷辈。这些井盖承载众多故事，也经常会有同学前去打卡，还有一位考古系的学长专门拍下了88块井盖的照片，并写下文章《西北大学井盖初探》。

在西大除了有爷爷辈的井盖，还有曾爷爷辈的大礼堂，"同学们，不要在大礼堂吃东西，这是文物，请小心使用"的标语，无疑表明了大礼堂厚重的历史与极高

的价值。大礼堂建于 1937 年，在这里，张学良讲过话，鲁迅讲过学，华罗庚讲过数学，李德伦指挥过交响乐，它具有特殊的历史意义。如今，只要西大有重要会议与演讲活动，就会用到这个面积并不大的大礼堂。

西大校园里有着如此浓厚的历史氛围，而西大所在的西安更是一个"五步一小墓、十步一大墓"的城市，因此西大的考古系自然而然就很出众了。在建新校区时，考古系的师生合力挖出众多文物，生生建成了一座西北大学博物馆，真是壮哉我西大。除了考古学，西大的地质学也是顶尖的专业。在 20 世纪 80 年代全国有 15 个石油勘探局，其中 13 处的局长或是总地质师都出自西大，可见，学校为新中国的石油地质事业做出了不小的贡献。

虽然，现在大多数人更追求金钱名利，而西大最强的地质和考古专业，可能属于那种没什么"钱途"的专业，但被戏称为"全网最穷"的西大依然努力维护着这些专业，始终恪守着"公诚勤朴"的校训，不紧不慢地按照自己的节奏教书育人，培养着一代又一代的学生，持续为社会输出人才。穷且益坚，不坠青云之志，大概是它最好的形容吧。

## 作家摇篮

★ **西北大学**

西北大学肇始于 1902 年的陕西大学堂和京师大学堂速成科仕学馆，1912 年始称西北大学，1923 年改为国立西北大学，后因战乱停办。1937 年西迁来陕的国立北平大学、北平师范大学、北洋工学院和北平研究院等组成国立西安临时大学，1938 年改为国立西北联合大学，1939 年复称国立西北大学。1950 年复名西北大学。在长期的发展历程中，西北大学形成了"发扬民族精神，融合世界思想，肩负建设西北之重任"的办学理念，会聚了众多名师大家，产生了一批高水平学术成果，培养了大批杰出人才，享有良好的学术声誉和社会声望，被誉为"中华石油英才之母""经济学家的摇篮""作家摇篮"。

西北大学为国家"211 工程""双一流"建设高校，学校有 24 个院（系）和研究生院、1 个中外合作办学机构、1 个直属附属医院、7 个非直属附属医院，设有 87 个本科专业。校园占地 2300 余亩，图书馆有纸质藏书 300 多万册，电子图书 300 多万册，馆藏中尤以 16 万册线装古籍驰名西北，具有很高的文物价值和学术研究价值，是中华民族的文化瑰宝。截至 2024 年 3 月，学校有在校生 2.8 万余人，

其中本科生 1.3 万余人，研究生 1.4 万余人，国际学生 500 余人；有教职工 3100 余人，其中中科院院士 4 人，双聘院士（教授）5 人，国际科学史研究院院士 1 人，发展中国家科学院院士 1 人，俄罗斯自然科学院外籍院士 1 人。

第二轮"双一流"建设大学名单显示，西北大学的考古学、地质学已入选"双一流"建设学科。学校还拥有 1 个国家重点实验室，1 个国家工程技术研究中心，1 个国家"一带一路"联合实验室，1 个国家创新人才培养示范基地，3 个国家国际科技合作基地，3 个国家地方联合工程研究中心。

## 报考须知

### 🎓 生活在西北大学：

西北大学有民宿餐厅、大众餐厅等，所提供的食物种类繁多，价格实惠。其中，炸卤铺子的脆皮年糕、炸香蕉，软糯香甜，炸得恰到好处；冷面里脊酱料多多，味道浓郁，令人回味无穷；鸡蛋火腿肠粉味道正宗，分量十足！值得一提的是，西食堂是后来新装修的，环境极佳，还配备有空调，不少同学都喜欢在这里自习或休息。

西北大学宿舍有四人间与六人间，空调、暖气、洗衣机等设施齐全。宿舍内没有独卫，但宿舍楼有澡堂，还算方便。在开学前学生可以自行在网上选择宿舍以及床位。

西北大学曾因一门选修课——酒文化与名酒品鉴，成为人人羡慕的"别人家的大学"，这门选修课旨在通过品鉴酒，让学生了解酒的文化内涵。为此，学校还特意提供了 3000 多平方米的实验室与众多仪器进行辅助教学，可以说非常用心。西北大学的社团也是五花八门，例如偏文艺的舞蹈团、合唱团，偏运动的篮球社、足球社，偏科学的数学建模组、经济学研究组，等等，学生在这里可以尽情地享受各类课外活动带来的乐趣。

### 第四轮教育部评定 A+ 学科：

考古学。

### 学费标准：

学年制学费，文科类专业有 4250 元 / 学年、5500 元 / 学年等不同标准，理工类有 5250 元 / 学年、6600 元 / 学年等不同标准，艺术理论类为 12100 元 / 学年，艺术实践类为 15400 元 / 学年；学分制学费由课程学分学费和专业学费两部分组成，课程学分学费按学生所修课程的学分数收取，专业学费标准按专业类别确定。

### 住宿费用：

1100～1200 元 / 学年。

### 录取规则：

对于进档的考生，西北大学按照分数优先原则安排专业，各专业志愿之间不设分数级差。在安排专业时按实际投档成绩从高到低排序。实际投档成绩是由生源地省级招办按投档规则生成的，且在学校接收的考生电子档案中实际呈现的成绩（含小数部分）。当投档成绩相同时，按所在省（区、市）招生主管部门提供的投档位次排序。未提供投档位次排序的，文史类（或首选科目为历史）考生依次比较语文、数学、外语成绩，理工类（或首选科目为物理）、3+3 模式综合改革类考生依次比较数学、语文、外语成绩。对于所报专业志愿都无法满足的考生，若服从专业调剂，则依据投档成绩和体检结果等调剂录取到其他缺额专业。

按照顺序志愿投档的批次，在第一志愿考生生源不足的情况下，将按照考生投档成绩由高到低择优录取非第一志愿考生。若符合条件的非第一志愿考生生源仍不足，可进行志愿征集。按照平行志愿投档的批次，公布计划中未完成的计划可进行志愿征集。征集志愿仍不足则将剩余计划调整到其他生源质量好的省（区、市）完成招生计划。

「校友印象」

XIDIAN UNIVERSITY

# 西安电子科技大学

## 世外桃源里
### 只争朝夕

一个地方，一定是有自己独特的文化，才能在大家的记忆里永远停留的。

西安电子科技大学不仅有老一辈革命家开辟的"战场"，更有莘莘学子赓续的红色血脉。

校园里的一座座雕像，用自己的方式收集着记忆。抚摸它们时，仿佛在听它们讲述着西电的故事，连手心都感受到了温暖。石雕文化，一直是西电一个重要的文化特色，也在向外界释放着一个信号，这里有永不褪色的历史，这里有永恒的精神财富。

关于西电，我有太多想要说的话。

西电位于秦岭北麓，有着充满诗情画意的山水田园风光，像是一个世外桃源，令人心驰神往。坐落在终南山脚下的南校区，植被丰茂，简直就是天然的氧吧。在这样的环境下生活，既能够感受到与世隔绝的宁静，又能够全身心地融入大自然，简直让人心旷神怡。

从学习环境的角度讲，西电真的无可挑剔，不过这里的竞争实在是激烈。"天地转，光阴迫。一万年太久，只争朝夕。"这是西电人不变的情怀。西电的图书馆给了人太多的惊喜，图书馆外部恢宏大气，内部光线充足，空气中弥漫着书香，学习氛围相当浓厚。坐在这里学习，没有任何压抑的感觉，有时候我一坐就是一整天，忘情地汲取着知识，充满着浓浓的幸福感。宽敞明亮的智能教室、现代化的学习设备也能让人耳目一新，我们用心感受着科技给生活带来的巨变。C楼和信远楼更是上自习的好去处，考试前夕甚至有同学在这里彻夜学习，实在累了就打个地铺了事。

有人说，南校区的环境过于幽静，少了点儿人间烟火气。不过，这里的各类设施都非常齐全，可以满足学子的生活需要。学习累了，可以到北操场来一次慢跑，呼吸一下新鲜的空气。"大金蛋"里宝藏满满，各种运动场所一应俱全，如果想要大展身手，最好提前预约。校园里温柔乖巧的流浪猫以及憨态可掬的大白鹅，也为我们带来了不少欢乐。可以说，这里不只是学习的地方，更是学子的第二个家。

校医院附近的土路就像一条乡间小路，一到下雨，就变得有些泥泞，在高楼林立

的都市里，这种情况恐怕比较少见。每次走在那条土路上，踩着泥巴，似乎自己也回到了小时候。和煦的春风中，校园里百花争艳，樱花大道两侧粉色的樱花尽情绽放，花海，映衬出西电学子干净的笑容。阵阵秋风起，礼仪广场银杏树下的落叶，也轻跳着胡旋舞，一年又快要结束了。

岁月循环往复，西电的日子简单却并不单调。苦练基本功，才能在攀登高峰时步履轻盈。在西电，努力过了，青春年华就不失精彩。

## 延续最长红色根脉

★ **西安电子科技大学**

西安电子科技大学前身是 1931 年诞生于江西瑞金的中央革命军事委员会无线电学校，是毛泽东等老一辈革命家亲手创建的我党我军第一所工程技术学校，延续着中国高校最长的红色根脉。学校建校后先后于江西瑞金、陕西延安、河北获鹿、河北张家口等地办学，1988 年定名为"西安电子科技大学"。毛泽东同志曾先后三次为学校题词："你们是科学的千里眼顺风耳""全心全意为人民服务""艰苦朴素"。建校以来，学校累计为国家输送了 34 万余名优秀人才，毕业生到国家急需重点行业领域就业的超过 80%，形成了以"院士校友多、将军校友多、航天总师多、所长总工多、创业英雄多"著称的人才培养"西电现象"。

西安电子科技大学是一所以电子与信息学科为特色，工、理、管、文、经等多学科协调发展的全国重点大学，是国家"211 工程""双一流"建设高校，下设

28个二级教学科研机构，66个本科专业。学校占地面积3900多亩，图书馆藏书超300万册。截至2023年12月，学校有全日制在校生3.8万余人，其中本科生2.2万余人，硕士生1.3万余人，博士生3000余人；有专任教师2700余人，其中博士生导师800余人，硕士生导师1900余人，两院院士3人，欧洲科学院外籍院士、俄罗斯自然科学院外籍院士1人，双聘院士17人。

第二轮"双一流"建设大学名单显示，西安电子科技大学建有信息与通信工程、计算机科学与技术2个国家"双一流"建设学科。同时，学校历史上曾创造了我国电子与信息领域多项第一，包括第一部气象雷达、第一套流星余迹通讯系统、第一台可编程雷达信号处理机、第一台毫米波通讯机，以及多套新体制雷达。如今，建有国家重点实验室、国家工程研究中心等13个国家级科技创新基地，以及67个省部级科技创新基地等。

## 报考须知

🎓 **生活在西安电子科技大学：**

西安电子科技大学的食堂使人感觉干净敞亮，食堂里有很多当地特色美食以及外地风味美食，种类齐全。尤其是综合楼内，无论是甜品饮料还是火锅烧烤，只要你能想到的这里都有，这也是平日里同学们最爱来的地方。除此之外，海棠餐厅、竹园餐厅、丁香餐厅也很不错，海棠餐厅涵盖了各种风味小吃，比如冒菜、瓦罐鸡等，二楼还有夜宵供应。竹园餐厅有炒菜、麻辣烫等美食，还设置了大包厢，同学聚餐可以选择这里。

西安电子科技大学本科生宿舍一般为四人间，为上床下桌的布局。宿舍配有书架、衣橱、空调、暖气，还有独立卫浴，每周一、三、五浴室会供应热水，学生不用去公共浴室就能洗到热水澡。另外，宿舍楼下还有自助售卖机、自助洗衣房等，生活相当便利。

西安电子科技大学的选修课有很多，比如说昆汀·塔伦蒂诺电影风格解读及作品赏析、珠宝鉴赏、马丁·斯科塞斯电影风格解读及作品赏析等课程，涉及的领域广泛，能够满足大部分学生的学习与探索需求。学校的学生社团也不少，例如推理协会、围棋社、热舞拉丁社、微软学生俱乐部、极创工作室、西电信息安全协会等，不论你是想在课余时间休闲娱乐还是想要锻炼能力，都能找到相应的平台。

### 第四轮教育部评定 A+ 学科：

电子科学与技术。

### 学费标准：

文法财经类为 3850 元 / 学年；理工外语类为 4950 元 / 学年；热门专业一类为 6000 元 / 学年，热门专业二类为 5500 元 / 学年；艺术类为 9000 元 / 学年；中外合作专业（电子信息工程）为 52000 元 / 学年；中外合作专业（通信工程）为 60000 元 / 学年。

### 住宿费用：

800～1200 元 / 学年。

### 录取规则：

学校根据投档成绩调取考生档案。在已调档的考生中，依据"分数优先、遵循志愿"的原则以高考总分（不含排序分）确定考生专业，各专业志愿之间不设分数级差。

对于高考总分（不含排序分）相同的考生，依次按数学、外语、语文成绩排序录取及确定专业，同分排序后仍完全相同的，学校将按预留计划录取。如考生所填报的所有专业志愿均不能被录取，但服从调剂，则根据考生成绩安排其他未满额专业。对所有专业志愿都无法满足又不服从调剂的考生，作退档处理。

报考外国语言文学类（含英语、日语、翻译）相关专业（类）的考生，要求其高考外语科目为英语。公共外语课及相关专业课不具备非英语语种开设条件，请非英语语种的考生谨慎填报。

「校友印象」

CHANG' AN UNIVERSITY

# 长安大学

秦岭苍苍，八水泱泱，
古城之南，有我上庠

来到西安这座城，令我激动万分。有时候，我会分不清，让我激动的是"有我上庠"，还是"秦岭、八水与古城"。有人说文化是一座城市的灵魂，大学或许是一座城市中最能代表文化的部分。在这方面，长安大学可谓把文化与城市的融合发挥到了极致，相信每个长安大学的学子都深有体会。

首先，就像"长安"这个名字一样，哪里还有比以古城为名更有气魄的呢？长安大学将历史古都的名字放入了校名中，一下子就能让人感受到它与生俱来的文化气质与底蕴，更赋予了它一种内敛美。曾经长安城中的一草一木，见证过政权更迭的古驿道，看过无数别离的灞桥，均带着历史的余温，化为浓墨被载入了史册，流传至今。这些浓墨也许是孟郊昔日登科后的高唱："春风得意马蹄疾，一日看尽长安花。"也许是报国无门的李白在凤凰台发出的感慨："总为浮云能蔽日，长安不见使人愁。"又或许是杜牧经过华清宫时的意味深长："长安回望绣成堆，山顶千门次第开。"这些浓墨最终带着十三朝古都的气魄，用文人诗意化作深厚的文化底蕴，为长安大学撑起一片广阔蓝天。

其次，长安大学与文化的融合还体现在它的校园建设和选址上。长安大学拥有南北两个校区，建有太白山、渭水和梁山三个教学实习基地。南校区位于西安最重要的标志性建筑"大雁塔"脚下，北校区位于拥有西安母亲河之称的"渭水"之滨。且不说校园里湖泊相连，绿树成荫，景色幽美，单听到"太白山""渭水""大雁塔"这几个名称，就能让人感受到一种古色古香的韵味。若是刚好瞧见明远湖里的鲤鱼奋力一跃，可能会觉得连这里的鱼儿似乎都要比别家的更有"文化底蕴"，更懂

得向上。还有那雪中的长廊,广场上的喷泉,以及转角处的梅花,也处处体现建设者的用心。

当然,对于城与文化的融合,我感受最为深刻的,还是在教学理念上的体现。长安大学经常会举办各种艺术节、文化节、科技节和体育节。不仅如此,还经常有文化名人在学校开展校园活动与学术性讲座,另外也有一些高水平艺术团来学校表演。在耳濡目染之下,我们学子不知不觉中也沾染上了长安城的气质。

记得我曾经被人拉着参加过一个笛韵箫音社,本来觉得自己没几分文人墨客的气质,参加这么高雅的艺术社团会不会有点儿太夸张,结果向室友一打听,她们不是报了书画协会社团,就是报了古典舞社团,倒是我自己有点儿大惊小怪了。让长安文化真正走进校园,学校真是下了大功夫,这也开阔了我们的眼界。

秦岭苍苍,八水泱泱,古城之南,有我上庠,我喜欢我们的长安大学。

## 公路交通界的黄埔军校

★ **长安大学**

长安大学创建于新中国百业待兴之时,与共和国同向同行 70 余载。自 1951 年起,学校前身西安公路交通大学、西安工程学院、西北建筑工程学院相继成立。2000 年三校合并,组建长安大学,开启学校跨越式发展新篇章。学校育人成果丰硕,累计向海内外输送优秀毕业生 30 万余人,其中来华留学生 1 万余人,优秀校友遍及五湖四海,以"具有家国情怀、国际视野、创新能力和奉献精神"著称于业界,涌现出以港珠澳大桥管理局总工程师苏权科为代表的承担重大工程建设的总工程师群体,以中国科学院院士丁汉为代表的引领学术前沿的科学家群体,以中国民用航空局局长冯正霖为代表的政界翘楚群体和造就一批上市公司的商界精英群体。

长安大学是国家"211 工程""双一流"建设高校,也被誉为公路交通人才培养的"黄埔军校",科技创新的"金名片"。学校设有 25 个学院(系),涵盖工学、理学、管理学、经济学、哲学、法学、文学 7 大门类。学校占地 3700 多亩,图书馆有纸质图书 350 多万册。截至 2023 年 9 月,学校有全日制本科生 2.5 万余人,博士、硕士研究生 1.2 万余人,来华留学生 1700

余人。此外，学校有中国科学院、中国工程院、新加坡工程院院士4人，教授、副教授1400余人，博士生导师392人，硕士生导师1151人，拥有承担国家重点研发计划、国家重大工程项目的各类杰出人才逾百人。

长安大学的交通运输工程学科已入选"双一流"建设学科。同时，学校科研平台条件完善，现有国家级实验教学中心5个（含3个国家级虚拟仿真实验教学中心）、国家工程研究中心2个、国际联合实验室1个等，同时学校拥有国内高校唯一的"车联网与智能汽车试验场"，被交通运输部认定为全国首批三大"自动驾驶封闭场地测试基地"之一。

## 报考须知

### 生活在长安大学：

长安大学有四个网红食堂，名字都颇具内涵，分别为树蕙园、滋兰苑、天行健以及小食空。小食空的设计具有现代气息，里面汇集了上百种美食，其中兰州拉面、石锅拌饭、牛肉煮馍、沸腾锅等都是必尝品。天行健是公认最优秀的食堂，小而精，菜品丰富，像酸奶包、热干面、掉渣饼、烤盘饭都非常不错，不过价格相对高一些。树蕙园和滋兰苑以快餐为主，当然也提供民族餐，分量足、价格实惠，是大多数学生经常去的地方。

长安大学的宿舍以四至六人间为主，四人间一般为上床下桌的布局，而六人间部分床位为上下铺，宿舍内配备有空调、独立卫生间、独立阳台，未配备独立卫浴的会在每层设置公共洗浴区，同时还有自助洗衣房、自助售卖机、洗鞋机、烘干机等。另外，学校还在宿舍规划了通宵自习室、心理辅导咨询室、楼道休闲区等，方便同学们学习与交流。

长安大学注重培养学生的综合素质，整体校园文化开放包容，也有不少选修课供学生选择，比如瑜伽课、军事定向越野课、初级咏春拳课等。学校还会举办"四节三进"系列品牌活动，学生也参加过央视五四青年节特别节目"五月的鲜花"的录制。在这里，同学们还可以自主选择各类社团，有骑行社、黄土地文化社、

Dancing Club、登山攀岩协会、志愿者协会、问学社、文学社、新鲜空气动漫社等，不管你的兴趣爱好多么小众，总能找到懂你的人。

### 学费标准：

文史外语类专业为 5500 元/学年，理工类专业为 6600 元/学年，体育类专业为 5500 元/学年，艺术类专业为 15400 元/学年，中外合作办学专业为 65000 元/学年，民族预科专业为 5500 元/学年。

### 住宿费用：

有 900 元/学年、1000 元/学年、1100 元/学年、1200 元/学年等不同标准。

### 录取规则：

学校根据投档成绩，按照分数优先原则录取专业，各专业志愿之间不设分数级差（内蒙古自治区按照"招生计划1:1范围内按专业志愿排队"原则投档录取。超过1:1范围的进档考生按照分数优先原则录取）。对于专业志愿无法满足的考生，若服从专业调剂，则按照投档成绩和体检结果等调剂录取，直至录取额满；若不服从专业调剂，则作退档处理。

报考建筑类专业（含建筑学、城乡规划、风景园林）的考生，建议具备美术基础。报考英语、日语专业的考生，按照生源地省级教育行政部门或招生考试机构投档规则执行，学校对口试不另作要求。

中外合作办学专业、英语、日语、工科试验班、国际工程班专业和艺术类、少数民族预科班，其本科教学的公共外语课只进行英语授课。外语统考语种为非英语的考生，谨慎填报专业志愿。

「校友印象」

SHAANXI NORMAL UNIVERSITY

# 陕西师范大学

## 在这里，
### 梦想开始启程

我的母校是陕西师范大学，它是我的人生明灯，照亮了我前行的路，也是我梦想的起点，远航的启程港。在来到陕西师范大学之前，我似乎一直是被人推着前行的，日复一日地在家、学校、补习班、兴趣班这几个地方往返，就这样走过了小学、中学、高中，然后我又听了父母的话，来到了陕西师范大学。万幸我来到了这里，在这里我确定了我的理想，确定了以后的路该怎么走。我，要成为一名优秀的教师。

我人生中最美好、最悠闲的时光也是在母校陕师大度过的，虽然那时也为学业烦心，但是心有理想一切都会变得美好起来。在陕师大，同学们都朝气蓬勃，眼睛亮晶晶的，对未来充满了向往与希望。老师们也总是精神饱满、风趣幽默地上课，给人一种如沐春风的感觉。我也时常想，自己什么时候可以像他们一样准确地表达自己的观点。对于这个问题，教授的回答是：多看课本，多写文章，先把基本功练好。

除了和老师学习知识，不上课的时候我喜欢泡在图书馆里。图书馆可以说是陕师大建校及发展的历史见证，里面藏书丰富，更有很多珍贵古籍。它位于学校的中央位置，环境优美，可以说是得天独厚。图书馆本身是古香古色的歇山式建筑，左右对称，错落有致，在一片翠色掩映中，宏伟异常。设计者把中国传统古典建筑的特点与现代的设计思想完美融合，使其既有建筑的形式与意蕴之美，又富含文化色彩。

在陕师大校园各处，时常能看到可爱的小生灵活动。猫咪们或自在地奔跑在草地上，或闲适地趴卧在某一向阳处舒服地晒着太阳小憩；小鸟在空中或自在高飞，或陡然低空划过，有时候会停留在树梢，叽叽喳喳地叫上几声。师生也很注重人文关怀，一直善待这些小生灵，不仅时不时投喂小猫咪们，每年采摘柿子时，也总会留下一些果子给鸟儿。

陕师大一切都很美，但最美的还是学校本身。是母校让我渐渐地找到了自己的梦想，让我坚定地践行着师者的责任与使命，传道、授业、解惑。我站在三尺讲台上，教孩子们认识这丰富多彩的世界，犹如我的老师过去教授我的那样，我也传承着母校的"西部红烛精神"，那种爱国的精神、奋斗的精神、坚守的精神、奉献的精神。

## 教师的摇篮

### ★ 陕西师范大学

陕西师范大学办学历史悠久，前身是1944年成立的陕西省立师范专科学校，1954年更名为西安师范学院，1960年与陕西师范学院合并，定名为陕西师范大学。教育是立国之本、强国之基，作为党和国家布局在西部地区的唯一一所部属师范大学，建校80年来，始终坚守教师教育主责，为教育救国攻坚克难，为教育建国筚路蓝缕，为教育兴国勇立潮头，为教育强国踔厉奋发，以对国家、民族的赤胆忠诚和无私奉献，铸就了"扎根西部、甘于奉献、追求卓越、教育报国"的"西部红烛两代师表精神"，培养各类毕业生50多万人，为服务国家教育事业和促进区域经济社会发展，特别是为推动西部教师教育和基础教育的发展，做出了突出贡献！

陕西师范大学是国家"211工程""双一流"建设高校，是国家培养高等院校、中等学校师资和教育管理干部以及其他高级专门人才的重要基地，被誉为"教

师的摇篮"。学校学科门类涵盖哲学、经济学、法学、教育学、文学、历史学、理学、工学、医学、管理学、艺术学、交叉学科等，下设有 26 个学院（部），71 个本科专业。学校占地面积 2300 余亩，图书馆是全国重点古籍保护单位，有纸本图书 400 万余册，其中馆藏古籍线装图书 25 万余册，古籍善本 700 余部、9000 余册，有 15 部古籍善本入选《国家珍贵古籍名录》。截至 2023 年 9 月，学校有全日制在校生 3 万余人，专任教师 2000 余人。同时，学校有中国科学院院士 1 人、国家领军人才（含特聘教授）37 人、国家杰出青年科学基金获得者 4 人，另外还有双聘院士 7 人、外籍院士 1 人。

第二轮"双一流"建设大学名单显示，陕西师范大学有"双一流"建设学科 1 个（中国语言文学）。学校有国家工程实验室 1 个，教育部重点实验室 3 个，教育部工程研究中心 2 个。

## 报考须知

### 🎓 生活在陕西师范大学：

人们常说"吃在陕西师大"，可见学校食堂口碑不错。以长安校区为例，这里有阳光苑、溢香楼等诸多食堂。阳光苑是学生餐厅，人流量特别大，有米饭、面食等，还有一些特色小吃，也非常受欢迎，比如说鲜鱼粉、韩式拌饭、酸辣粉、大盘鸡，价格还很便宜。溢香楼主要供应各地风味美食以及快餐，像肠粉、驴蹄子面、地锅鸡、柠檬鱼都特别美味，深受学生喜爱。

陕西师范大学长安校区的宿舍都是四人间，为上床下桌布局，有独立卫生间，但没有独立浴室。不过在宿舍楼的一侧设有公共浴室，私密性很高，都是隔间形式。冬天的时候学校会供应暖气，不会让人感到寒冷，学生也可以根据自己宿舍的情况申请安装空调。

在陕西师范大学，学生除了吃得好，住得好，还有很多有趣的选修课程可以选择，比如周易课、演讲与口才课等都很受欢迎。除此之外，陕西师范大学的社团也很丰富，有秦风诗社、青年志愿者协会、海燕爱心社等，这些社团为学生提供了良好的兴趣平台，有助于学生综合发展。

### 学费标准：

哲学、历史学专业为 4250 元 / 学年，其他文科类专业为 5500 元 / 学年；数学与应用数学、物理学、化学专业为 5250 元 / 学年，其他理工科类专业为 6600 元 / 学年；音乐学、舞蹈学、美术学、书法学专业为 12100 元 / 学年，其他艺术类专业为 15400 元 / 学年；少数民族预科学生预科阶段的学费标准为 5500 元 / 学年。

### 住宿费用：

600～1200 元 / 学年。

### 录取规则：

对于符合学校录取标准的考生，按照投档成绩排序进行录退。学校按照分数优先原则安排专业（类），各专业（类）志愿之间不设分数级差，从高分到低分按考生所报专业（类）志愿顺序安排录取专业（类）。在内蒙古自治区实行"招生计划 1：1 范围内按专业志愿排序录取，若有退档，排名在招生计划数以外的考生按投档成绩排序递补录取"的录取原则。

专业（类）录取过程中，投档成绩相同时，文化课成绩高者优先。在投档成绩和文化课成绩均相同的情况下，按照考生所在省级招生机构提供的投档位序录取，如果考生所在省（区、市）没有提供投档位序，学校依次按照考生的语文、数学、外语成绩排序录取。

对未被所报志愿专业（类）录取但服从调剂的考生，参考考生的相关科目成绩、特长及身体条件、综合素质档案等综合考虑安排录取专业（类）；对未被所报志愿专业（类）录取且不服从专业（类）调剂的考生，作退档处理。

英语专业只招收英语语种考生，其余各专业（类）不限制外语语种。学校所有招生专业（类）均不需口试成绩。

「校友印象」

AIR FORCE MEDICAL UNIVERSITY

## 空军军医大学

### 绿色军营，嘹亮军歌

在兴庆公园北面有一所军校，叫第四军医大学，也叫空军军医大学，它是我的母校。众所周知，我们大学有很多荣耀，但刚来时，我对这所学校并不满意。

我不明白，为什么一个学医的大学会安排那么多体能训练？开学时军训也就算了，谁承想平时也需要花大量时间参加集体的体能训练。有时候临近考试，训练完回来还要继续熬夜复习，再看看别人"轻松愉悦"的大学时光，真的觉得自己很苦。另外，学校还有各种严厉的军容风纪检查等，这都让同学们苦不堪言。那时候苦中作乐，心里想，要是重来，绝不会选择空军军医大学。但是后来我才知道，这所大学为我锻炼出的健康体魄有多么重要，它鞭策我养成的习惯有多么珍贵。

重游母校，来到华山抢险的雕塑前，看着那一张张熟悉的脸，一时感慨万千。空军军医大学之所以如此重视体魄的锻炼，那是因为它所培养的首先是"军"，其次才是"医"。所谓军医，必是体魄当先，使命当先。我们训练时，认识的学长经常把"报效祖国"四个字挂在嘴上，那时候觉得他们好傻，但后来，看着身边的学长和同学，有的去了医院，救死扶伤；有的驻守高原雪山，支援边疆；有的则一头扎进了基层部队，包括我自己……我才明白，

"报效祖国"这四个字的分量，是需要我们用强健的体魄和扎实的专业知识来扛的。宛若这尊雕塑一般，把家庭和国家，奉献与责任刻在血液中，顶在脊梁上，这才是报效祖国！这让我无比骄傲！

黎明时，我站在那片梧桐树下，听着熟悉的军号响起，看着一支支整齐的方阵队伍走过。他们斗志激昂，神采飞扬，迈着铿锵有力的步伐，唱着嘹亮的军歌，让整个校园都熠熠生辉，让梧桐树叶都闪闪发光。不久后，他们中的大多数人都将成为救死扶伤的"逆行者"，走上报效祖国之路。我想，这就是母校的血脉传承，绿色军营，嘹亮军歌，前赴后继，生生不息。

过往的校园生活还历历在目，宛若昨日一般。过去我也曾是这绿色军营中的一员，也曾唱着嘹亮的军歌，列着整齐的队伍点亮过梧桐树叶，挥洒过青春与梦想。我也曾是他们中的一员，哦，不！我甘愿一生成为他们中的一员。

## 中国航空医师的摇篮

★ **空军军医大学**

空军军医大学的前身是创建于 1941 年的八路军晋西北军区卫生学校，1952 年被中央军委命名为第四军医大学，1954 年与原第五军医大学合并为新的第四军医大学，2017 年转隶空军，原空军航空医学研究所并入后组建空军军医大学。建校以来，学校历届党委始终坚持立德树人、为战育人，办学特色鲜明，办学实绩突出，先后培养 9 万余名高素质医学人才，很多毕业生已成为国内外知名的专家学者和我军各级卫生机构的领导。学校也涌现出了被国家和军队授予"富于理想、勇于献身的优秀大学生"张华、华山抢险战斗集体、模范学员大队、"育人大师"李继硕、"模范军医"陈绍洋等全国先进典型。

中国人民解放军空军军医大学（第四军医大学）是一所培养高、中层次医学专业人才的全国重点大学，是国家"211 工程""双一流"建设高校。学校有教育学、理学、工学、医学和管理学等学科门类，图书馆有藏书 70 多万册。学校人才济济，教学、医疗、科研实力雄厚，截至 2023 年 11 月，拥有中国科学院院士 2 名、工程院院士 5 名、国家"万人计划（特支计划）"入选者 16 名、国家"973"首席科学家 8 名。

第二轮"双一流"建设大学名单显示，空军军医大学的临床医学已入选"双一流"建设学科。此外，学校设有国家重大科技基础设施 1 个，国家重点实验室 3 个，国家临床医学研究中心 2 个，国家临床重点专科军队建设项目 23 个。

## 报考须知

🎓 **生活在空军军医大学：**

空军军医大学的生活节奏很快，所以餐厅成了大家短暂栖息的最佳场所。这里有很多令人念念不忘的食物，尤其是羊肉泡馍，很多学生即使毕业多年也无法忘却。平日里学生最常去的是学员二食堂，这里早餐一般有油条、油饼、豆腐脑等；午餐有家常菜、标准餐、小炒等；晚餐有稀饭以及各种炒菜，还有一些汉中名小吃梆梆面、砂锅、冒菜等。大家一般都会去帅府餐厅、白楼餐厅和红楼餐厅聚餐。

空军军医大学的宿舍是四人间，而且设施十分齐全，不仅有书架、书桌、柜子，还有独立卫浴、可晾晒阳台、空调等，可以满足学生的生活需求。

空军军医大学的选修课都很实用，例如军队基层文化工作能力与训练、疼痛生物医学、口腔医疗服务管理学等课程，这些课程也受到了广大学生的热烈追捧。口腔医疗服务管理学课程主要围绕"口腔医疗社会需求""口腔医疗职业道德"等方向，引导学生将最优质的服务带给人民群众，意义非凡。

不过，空军军医大学是没有学生社团的，如果想要锻炼自己，可以加入组织部或者是文艺部，这些都是不错的选择。

### 第四轮教育部评定 A+ 学科：

口腔医学。

### 学费标准：

医学类专业（临床医学、口腔医学、药学、护理学）为 6500 元 / 学年，理工类专业（生物医学工程、生物技术）为 6000 元 / 学年。

### 住宿费用：

900 元 / 学年。

### 录取规则：

学校无军籍地方生招生专业的录取批次为本科一批 [ 部分高考改革省（区、市）为"本科批"]，根据各生源省（区、市）招生计划确定调档比例。按照平行志愿投档的省（区、市），调阅考生档案比例原则上控制在 100%；按照顺序志愿投档的省（区、市），调阅考生档案比例原则上控制在 120% 以内。

考生高考成绩须达到所在省（区、市）本科一批录取控制分数线以上 [ 部分高考改革省（区、市）须达到特殊类型招生控制线以上 ]，学校根据考生投档成绩和专业志愿从高分到低分择优录取，无专业级差。总分成绩相同的依次比较单科成绩，比较顺序为数学、语文、外语成绩。

按照平行志愿投档的省（区、市），未完成的计划将征集志愿。按照顺序志愿投档的省（区、市），在第一志愿考生生源不足的情况下，学校可接收非第一志愿考生；若符合条件的非第一志愿考生生源仍不足，将征集志愿。征集志愿仍不足时则将剩余计划调整到其他生源质量相对较好的省（区、市）完成招生计划。

学校只招收普通高中应届毕业生，且政治面貌为中共党员或共青团员，文理科类别为理科 [ 高考改革省（区、市）按照各自发布的选考科目执行 ]，招生各专业无男女生比例限制，学员入学后外语教学为英语。

无军籍地方生在校学习期间，实行准军事化管理，与生长军官学员享受相同师资、教学环境、教学资源等，毕业后一般面向社会自主就业。

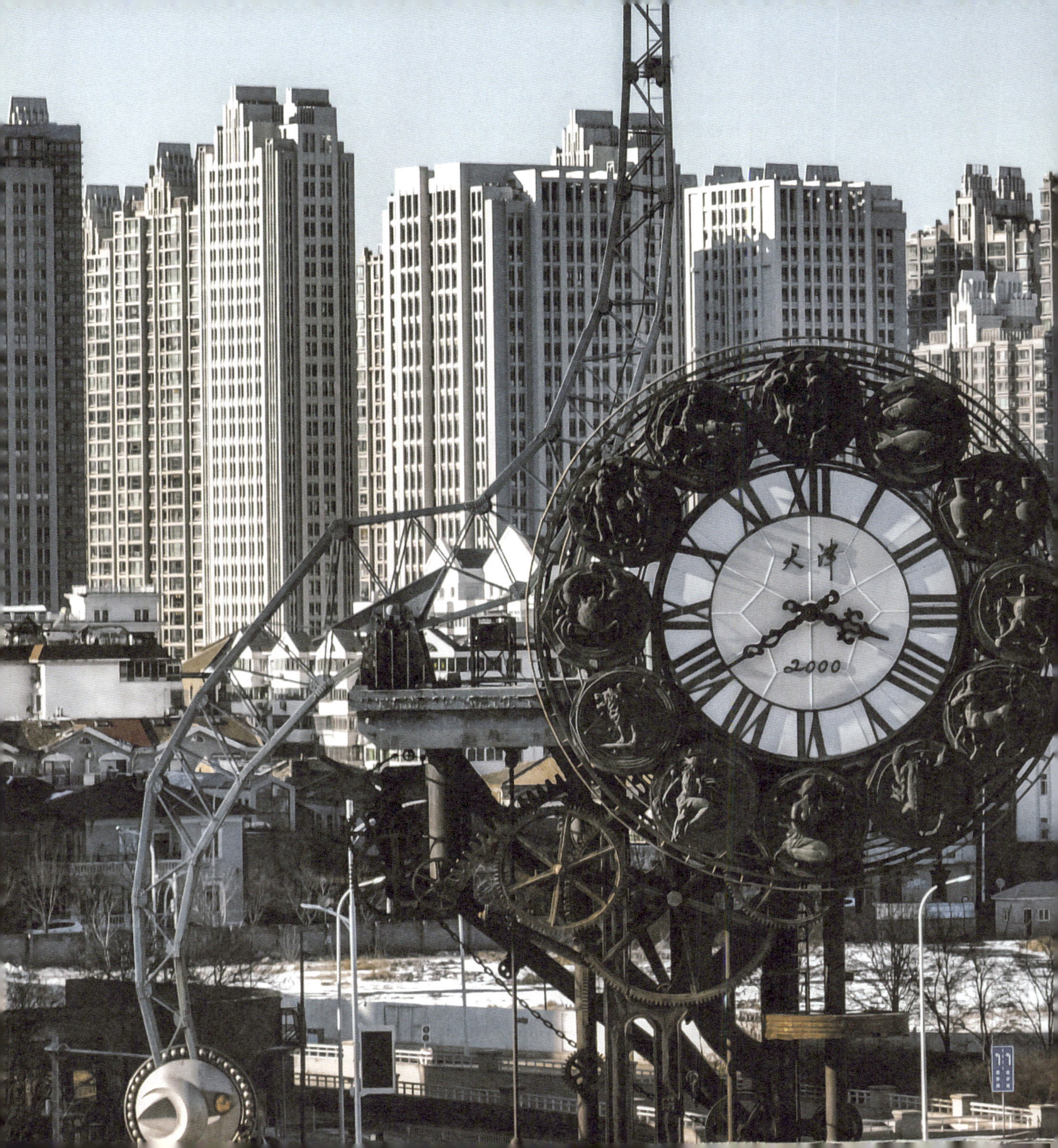
天津
2000

天津

TIAN
JIN

「校友印象」

TIANJIN UNIVERSITY

# 天津大学

## 卫津路的春夏秋冬

天津大学是中国近代史上第一所现代大学，在高等教育界有着开天辟地的重大意义。自创办以来，这所大学一路狂奔，但是极其务实低调。在我国工业化的进程中，天大的工学扮演着开山鼻祖的角色。多年来，无数学子在这里追求理想，扬帆起航。江湖上，天大被高调地戏称为"天津帝国皇家大学"。如果你来到这里，有机会一定要去看看我国高等教育史上第一张毕业证。

在天津大学新校区的中轴线上，有这样一座桥，连接着学子和知识的海洋，它就是三问桥。三问桥是我们每天的必经之路，或骑车，或步行，这座拱桥与所有桥梁无异，承担着交通的功能，但不同的是，只有踏上了它才意味着你真正成为了天大人。来到天大的学子，也经常会问三个问题：懂吗？会吗？敢吗？这就是"实事求是"最经典的三个问题。

卫津路的春天，由盛放的海棠来代言。铭德道两旁，虽然春寒料峭，但花朵们都已经探出了脑袋，享受着无限的春光。秋天的卫津路，落叶满地，叶子时不时被秋风卷起，有种淡淡的萧瑟，不过正午的阳光依然强劲有力，让人感觉很暖。深秋，落叶的铺垫使得人走路的节奏都慢了下来，似乎是在为冬天积蓄力量。

当敬业湖畔的柳枝变得越来越稀疏，湖面氤氲着丝丝缕缕的水雾时，说明寒假快要到来了。冬季的早晨，远处的高楼大厦被笼罩在一片红色的霞光之中，这是整个城市最温柔的一刻。漫步在青年湖畔，干净而湛蓝的天空，金黄的芦苇尽收眼底。虽然风景宜人，但温度较低，有点儿冻手。夜雪无声，爱晚湖畔的枝丫上，老图书馆前的小路上，满眼的洁白，大家都想要去留下第一个印迹。

天大的学习生活紧张而充实，没有什么遗憾。我始终相信天道酬勤。图书馆是我常去的地方，也是治学读书的好去处，独到的设计让大自然的光也偏爱这里，里面光线明亮，视野开阔。"苟日新，日日新，又日新"，在这里每天都会有新的收获。

虽然学校以理工科专业见长，但是天大的文化生活很丰富。天大有着名声响彻天津高校的北洋艺术团，乐团里高手如云，有时候光是在大学生活动中心看看他们排练，都觉得那是一场艺术盛宴，我一直很期待再看一场他们精彩纷呈的演出。天大还有内容丰富的学术讲座，我们有机会和学术大咖近距离接触，只不过同样需要提前抢票。

时光如梭，又到一年毕业季，我们用歌声与祝福欢送学长和学姐，也将用温暖与笑容迎来下一届的学弟和学妹，你是否也在其中呢？一起相约天大吧，在这自然科学和人文科学的环抱中，共同演奏属于卫津路 92 号的交响乐。

## 工科巨匠

### ★ 天津大学

天津大学前身为北洋大学，始建于 1895 年 10 月 2 日，是中国第一所现代大学，开中国近代高等教育之先河。"甲午战争"失败后，在"自强之道以作育人才为本，求才之道以设立学堂为先"的宗旨下，清光绪皇帝下令创建北洋大学堂，1913 年定名为"国立北洋大学"。学校命途多舛，在 1900 年八国联军入侵时被迫停办，后又几经搬迁、更名、重组，直到抗战胜利后才恢复成为国立北洋大学，1946 年复名"北洋大学"。1951 年，北洋大学与河北工学院合并，由国家定名为天津大学。建校以来，学校秉承"兴学强国"的使命、"实事求是"的校训、"严谨治学"的校风、"爱国奉献"的传统和"矢志创新"的追求，为国家经济社会发展做出了卓越贡献，迄今为国家和社会培养了 30 多万名高层次人才。

天津大学是国家"985 工程""211 工程""双一流"建设高校，学校以"强工、厚理、振文、兴医"的发展理念，形成了工科优势明显、理工结合，经、管、文、法、医、教育、艺术等多学科协调发展的综合学科布局。学校有 13 家附属医院及医学中心，20 多个学院，76 个本科专业。

学校占地近 5700 亩，图书馆有纸质书刊数百万册。截至 2023 年 6 月 30 日，学校有全日制在校生 3 万多人，教职工 4800 余人，其中院士 13 人、国家"杰出青年科学基金"获得者 66 人、国家"优秀青年科学基金"获得者 91 人、教授 974 人。

第二轮"双一流"建设大学名单显示，天津大学的化学、材料科学与工程、动力工程及工程热物理、化学工程与技术、管理科学与工程已入选"双一流"建设学科。学校科研实力雄厚，已获批建设国家重大科技基础设施——大型地震工程模拟研究设施、合成生物学前沿科学中心、天津市国家应用数学中心等国家级科研平台。并且，学校建设有全国首批中华优秀传统文化传承基地、6 个国家重点实验室、5 个国家工程（技术）研究中心、3 个国家国际科技合作基地。

## 报考须知

### 生活在天津大学：

天津大学食堂众多，北洋园校区共有 7 个食堂，名字都非常雅致，有用梅、兰、竹、菊、桃、棠命名的六个食堂以及留学生食堂。不同的食堂提供不同的餐饮，种类繁多，像砂锅、麻辣烫、小笼包、瓦罐汤、西域大盘鸡、小火锅、烧腊饭、牛肉汤、番茄茗粉、香麻鸡煲仔饭、凉糕等，味道都是极好的。

北洋园校区宿舍是上床下桌布局的标准四人间，宿舍内设施齐全，有衣柜、电吹风、饮水机等，每层楼都有热水房、洗衣房以及浴室，每个浴室都有三个隔间，因为使用了太阳能供热，所以全天都有热水供应。

天津大学有许多热门选修课，比如在恋爱学理论与实践这门课上，老师会教授恋爱的一些技巧，学生也能尽情分享自己的恋爱经历，大家共同探讨有关恋爱的话题，也有利于树立正确恋爱观。天津大学的学生社团中最为出名的是北洋艺术团，这个社团还包含了北洋合唱团、北洋交响乐团、北洋舞蹈团、北洋越剧艺术研究会等分支，大大丰富了学生的校园生活。

### 第四轮教育部评定 A+ 学科：

化学工程与技术。

**学费标准：**

环境设计专业为 12000 元/学年；软件工程前两年为 5800 元/学年，后两年为 14000 元/学年；建筑学（中外合作办学）专业在天津大学学习期间为 20000 元/学年，在法国学习期间为 7500 欧元/学年；其余专业为 5200～6200 元/学年。

**住宿费用：**

1200 元/学年。

**录取规则：**

学校安排专业的原则是"分数优先，遵循志愿，专业之间不设级差"。进档考生按照投档分由高到低录取，当考生投档分相同时，专业志愿顺序靠前的考生优先录取；当考生志愿顺序也相同时，考生实际高考文化成绩高者优先录取；当考生实际高考文化成绩也相同时，优先按各省（区、市）确定的同分排序细则进行排序录取，若相关批次无同分排序细则，依次按照数学、语文、外语单科成绩高者优先录取。天津大学各招生大类不限考生的应试外语语种，但学生进校后外语教学均以英语为主，不限男女性别比例。

对于进档考生，其所填报的专业志愿都无法满足时，若服从专业调剂，将调剂到招生计划尚未完成的专业；对所有专业志愿都无法满足又不服从专业调剂的考生，作退档处理。

按照非平行志愿投档的批次，在第一志愿考生生源不足的情况下，可择优录取非第一志愿考生，生源仍不足时，未完成的计划将征集志愿；按照平行志愿投档的批次，未完成的计划将征集志愿。征集志愿仍不足则将剩余计划调剂到其他生源质量好的省（区、市）完成招生计划。

对于高考改革省（区、市）考生，学生的选考科目须符合天津大学的相关要求，其余按照省级招生考试机构公布的方案及有关办法执行。

对于内蒙古考生，天津大学采取"招生计划 1:1 范围内按专业志愿排队录取"的方式录取。

「校友印象」

NANKAI UNIVERSITY

# 南开大学

## 我是
### 爱南开的

和首都北京为邻,在燕山的天然庇护下,这里能感受到来自渤海湾清爽的海风。南开大学,就坐落在天津这块风水宝地,占据着天然的地理优势。四通八达的交通,包容开放的气度,也让南开大学拥有宽广独特的视野,让这座百年名校厚积薄发,在永无止境的学术之路上坚定、自信,越走越远。

要问谁最能象征南开精神,那么杰出校友周恩来总理当之无愧。周总理也曾言"我是爱南开的"。每年的3月5日,是周总理的生日,南开的学子都会手捧鲜花,在总理的雕塑下,送上自己最亲切的问候。周总理的精神,是南开人前行道路中不可或缺的力量,在新的时代被赋予了新的意义。缅怀周恩来总理,是为了更好地出发。

渤海之滨,白河之津。南开,不仅有厚重的历史,更有雅致的校园风景。只需盈尺之地,就能承载诗与远方。只要用心体验,校园里处处是风景。每到夏日,八里台校区如诗如画,满池青碧,荷花亭亭玉立。津南校区的马蹄湖风景独好,良好的生态环境吸引了黑天鹅家族在这里繁衍生息,给静谧的湖面增加了几分生气。碧波荡漾,平静而美丽。

图书馆不仅是学子日常学习的场所,更是一所学校的灵魂所在。4座图书馆,面积超过7万平方米,书籍种类齐全,书香浓郁。南开人的时间观念很强,因为校园面积大,如果要在图书馆和教学楼之间用双腿来回奔波,难免会影响效率。如果上课赶时间,可以乘坐校园环线公交,当然还有共享单车等多种公共交通工具供大家选择。课余时间,听一场精彩绝伦的学术讲座,或一场动听的音乐会,南开的学子,不只是"学霸",还可以是音乐家、艺术家。

校外的卫津路上车水马龙,校内则没有太多的喧嚣。参天白杨伫立在校园道路两旁,仿佛守卫学子的卫士。秋天,校园里的爬山虎也换上了新装,用最纷繁的色彩来迎接新生。如果天气晴朗,新开湖上还会出现光影交织的景象,干净清透,幽静恬淡,这就是南开校园的独特气质。

卫津河穿城而过,滋养一方;大中路贯穿南开,迎来送往。四季更迭,岁月变换,

## 允公允能，日新月异

★ **南开大学**

南开大学是敬爱的周恩来总理的母校。学校肇始于1904年，成立于1919年，由近代爱国教育家严修、张伯苓秉承教育救国理念创办，起初为私立南开大学。1937年校园遭侵华日军炸毁，学校南迁，与北京大学、清华大学组建国立长沙临时大学，1938年迁至昆明，改名为国立西南联合大学。抗日战争胜利后，三校复员回归，1946年私立南开大学回津复校并改为国立。学校坚持"允公允能，日新月异"的校训，弘扬"爱国、敬业、创新、乐群"的传统和"文以治国、理以强国、商以富国"的理念，以"知中国，服务中国"为宗旨，以杰出校友周恩来为楷模，作育英才，繁荣学术，强国兴邦，传承文明，也为社会培养了大批怀抱旷远的才隽英杰，为中华民族伟大复兴做出了重要贡献，形成了不同凡响的"南开现象"。

南开大学是国家"985工程""211工程""双一流"建设高校，作为一所学科门类齐全的综合性、研究型大学，学校文理并重、基础宽厚、突出应用与创新，学科

南开人初心不改，矢志不渝。在风雨中屹立百年，南开至今底蕴不减。春季百花齐放，夏季蝉鸣声声，秋季梧叶飘落，冬季银装素裹，每个季节都在用自己的方式勾勒着南开这幅画卷。

百年南开，栉风沐雨，焕然一新。从曾经深沉的爱国三问，到如今时代征程中的行稳致远，每个南开人都在自己的领域书写着属于时代的壮丽篇章，用行动呐喊：我是爱南开的！

门类覆盖文、史、哲、经、管、法、理、工、农、医、教、艺等，下设专业学院 28 个，本科专业 84 个。学校占地超 6000 亩，图书馆文献超 400 万册，且拥有珍贵的古籍特藏文献近 30 万册，是全国古籍重点保护单位，已获批为"国家级古籍修复技艺传习中心南开大学传习所"。截至 2023 年 12 月，南开大学有在籍学生 3.4 万余人；有专任教师 2000 多名，其中博士生导师 1000 余人、硕士生导师 795 人，教授 900 多人、副教授近 900 人，还有中国科学院院士 13 人，中国工程院院士 3 人，发展中国家科学院院士 7 人。此外，来校讲学的长短期等各类外籍教师近 600 人，有来自 90 多个国家和地区的 1300 余名留学生在校学习。

第二轮"双一流"建设大学名单显示，南开大学有 6 个国家"双一流"建设学科，分别为应用经济学、世界史、数学、化学、统计学、材料科学与工程。另外，南开大学有各类省部级人文社科研究基地、创新中心、实验室等数十个，入选国家哲学社科成果文库数量稳居全国高校前茅，一批优秀智库成为国家部委和地方政府的"智囊团""人才库"。

## 报考须知

### 🎓 生活在南开大学：

南开大学食堂食物种类繁多，物美价廉。一食堂的早餐很令人惊喜，豆浆口味都有好几种，中晚餐有麻辣烫、汤面、拌面、自选菜等。二食堂主要提供来自不同地区的菜品，也是南开大学面积最大的食堂。三食堂因为离宿舍近，所以去吃的人是最多的，这里还有健身餐，对喜欢健身的同学很友好。

南开大学的宿舍相当不错，多数为四人间，上床下桌，除了基本的桌椅，阳台、空调、暖气一应俱全。宿舍楼里还配有自动贩卖机以及健身设备等，所以经常可以看到有同学在宿舍健身。值得一提的是，津南校区宿舍楼每层都有浴室、洗衣机、净水器，一楼还有微波炉、冰箱等设备，宿舍条件更为优越。

南开大学有很多热门选修课，例如健康教育、欧美文学、中国造神史话、日本茶道与文化、急救灾难应变等课程都颇受欢迎。以日本茶道与文化课为例，上课地点通常在茶室，老师会让学生品尝日本的茶与点心，从而更深入地了解日本茶文化，非常有趣。除此之外，南开大学还有诸多极具影响力的社团，例如新长城自强社、思源社、天文协会。其中，新长城自强社属于公益社团，平日里也会举办很多志愿活动。

### 学费标准：

文科类、理工外语类、医学类为5200～6200元/学年，软件工程（三、四年级）、绘画、环境设计、视觉传达设计为12000～15000元/学年，南开大学与法国诺欧商学院合作举办的电子商务专业为60000元/学年。

### 住宿费用：

800～1200元/学年。

### 录取规则：

南开大学确定考生录取专业时，根据分数优先的原则，按照考生的投档成绩（取投档成绩的整数部分，下同）和专业志愿安排专业，考生的各专业志愿之间不设分数级差。在专业招生规模允许的范围内，学校将根据考生专业志愿情况适度调整专业招生计划安排。具体操作为将录取范围内的考生按照投档成绩从高分到低分排序，并依据考生志愿和招生计划按分数排序依次进行专业录取。对所有专业志愿都无法满足且不服从专业调剂的考生作退档处理。

在投档分数相同的情况下，安排专业时优先安排语文、数学、外语三科总成绩高的考生；若语文、数学、外语三科总成绩相同，则优先安排单科成绩高的考生。按照语文、数学、外语成绩依次安排专业。若仍相同，则按预留计划录取。

「校友印象」

TIANJIN MEDICAL UNIVERSITY

# 天津医科大学

## 读懂医学人
### 特有的浪漫

医学是一门魅力十足的学科，选择了它，首先要耐得住寂寞，其次要懂点儿美学，还要有一定的好奇心和胆量，从复杂的血管和神经里探索人体的奥秘。选择了医学，就意味着要比别人更辛勤地付出。医学的魅力，也有"媳妇熬成婆"的喜悦。

来到天津医科大学求学，除了要学习繁重的专业课，还需要思考生命的意义。只有学会尊重生命，敬畏生命，我们才有资格去揭开医学的神秘面纱。当你站在生命之巅俯视万千，你会发现自己的渺小和生命的壮美。在外人看来，医学生似乎有着天生的冷静，其实一名合格的医学生身上应该是有温度的。这种温度，来自和生命的互动，来自对病人的嘘寒问暖，来自实践的探索。生命的意义之一就是学会相濡以沫，相互支撑，只有不断地汲取营养，补充能量，才能铸造有力量的生命。

学医如逆水行舟，不进则退。选择了医学，就意味着要终身学习，因为医学本身就是一个庞大复杂的综合性学科，对于从业者的综合素质要求非常高，我们需要用自己不断完善的知识体系来盖好医学这座大楼。大咖们在向我们传授专业知识的同时，也十分注重挫折教育。这里的老师也非常朴实无华，没有所谓的知识分子的清高，事必躬亲。

这里没有文科院校的浪漫和诗意，实验课上的小白兔不再是温柔的小可爱，而是麻醉反应消失后垂死挣扎的实验工具；活蹦乱跳的牛蛙不再是餐桌上的美食，而是实验台上基本的医学"零件"；活蹦乱跳的小白鼠，也牺牲了自己，为医学事业的发展做出了贡献。如果说初来乍到的你还有点儿下不去手，那么相信磨炼了五年之后，你一定会得心应手。

医学生并不冰冷残酷，我们学医人也有自己的文化，也有自己的那份幽默，也有医学人特有的浪漫。去食堂吃个红烧排骨，吃完后大家会热烈地讨论自己吃的这块骨头是猪的哪个部位。啃完鸡爪，还不忘将骨架模型在桌上复现。同学吃饭被鱼刺卡了，恨不得赶快将自己学过的急救方法学以致用。课堂上、生活中，无处不医学。

健康所系，性命相托。还记得入学时大家一起宣读誓词时的场景，那份自豪与感动至今仍在心中。天津医科大学的学子有很多种身份：在课堂上，我们是学生；在重大突发公共事件面前，我们是战士；在健康和生命面前，我们是守护者；在博大精深的医学面前，我们是探索者。在学习中成长，在成长中学习。从立志于投身医学事业的那一刻起，我们的信仰之树便要万古长青。医学生的热情，在于坚持，在于信念。"德高医粹"是每个医学生的最高行为准则。

来到天津求学是每个吃货的幸运，这里有正宗的煎饼馃子，香甜软糯的驴打滚，馅料丰富的狗不理包子……丰富的美食能满足每一个吃货的味蕾。繁重的课业之余，可以去听一段雅俗共赏的相声，感受一下中国语言文化的魅力；也可以去滨江道步行街吹吹凉爽的河风，再和天津之眼来个近距离的合影。

在天津医科大学求学的日子里，我越来越意识到自己的渺小，也认识到了生命的韧性与伟大，以及大爱的力量。我学到的不只有如何去读懂复杂的医书，如何检修人体这架任何人造设备都无法匹敌的、复杂精密而高效的"机器"，同时，我也领略到了医学特有的魅力，读懂了医学人特有的浪漫。

## 求真至善

### ★ 天津医科大学

天津医科大学的前身天津医学院创建于1951年，是新中国成立后国家原政务院批准建立的高等医学院校,著名内分泌学家、医学教育家朱宪彝教授为首任校长。1994年6月天津医学院与天津第二医学院正式组建成为天津医科大学。一直以来，天津医科大学都以医学科学为核心，以生命科学为依托。学校坚持以教育教学为立校之本，科学研究为强校之路，努力培养高素质医学人才，产出高水平医学研究成果，提供高质量医疗服务，培育并传承有特色的大学文化，求真至善，为建设高水平研究型医科大学而不懈努力奋斗。

天津医科大学属国家"211工程""双一流"建设高校，是国家最早批准试办八

年制的 2 所医学院校之一，也是首批试办七年制的 15 所院校之一。学校有 2 个校区和 7 所大学医院，并下设 19 个学院和 1 个独立学院。图书馆馆藏以生物、医药卫生类书籍为主。截至 2023 年 9 月，天津医科大学有全日制学生 1.1 万余人，有包含大学医院工作人员在内的各类专业技术人员 8000 多人。其中，有中国工程院院士 2 人、中国科学院院士 1 人、外籍院士 1 人。

第二轮"双一流"建设大学名单显示，天津医科大学的临床医学已入选"双一流"建设学科。在科研平台方面，学校下设省部级重点实验室 33 个、研究所 20 个。另外，天津医学表观遗传学协同创新中心已获批省部共建协同创新中心。

## 报考须知

### 🎓 生活在天津医科大学：

天津医科大学食堂条件优越，环境舒适干净，每个食堂都会提供不同种类的餐饮，中餐、西餐、日餐、韩餐应有尽有，用三个词来概括就是：健康、丰富、美味。其中黑椒肉松焖饭、飘香里脊焖饭、椒麻鸡丝拌面、葱油拌面、地锅鸡、三鲜汤、酸汤肥牛、水煮鸡片等都是不错的选择。值得一提的是天津医科大学还有轻食档口，夏天来上一碗凉拌菜，减脂又舒心。

天津医科大学的宿舍有四人间以及六人间，内设有风扇、空调，宿舍楼有公共的洗漱间，并且装有自动售货机、洗衣机等，也有专门的澡堂，可满足学生的各项需求。另外，宿舍离食堂、教学楼、超市都很近，周边环境优美，非常适合居住。

天津医科大学的选修课种类丰富，例如世界文明史、交响音乐欣赏、歌剧名作欣赏、犯罪学、古希腊罗马神话与医学英语词源、日本动漫欣赏——医学人文护理关怀视角等课程，都非常有趣。除此之外，天津医科大学的社团也很丰富，有足球协会、篮球协会、动漫社、流行音乐协会、戏剧社、魔术协会、心理素质协会、飞廉文学社、红色旅游志愿者协会、勤工俭学协会等，每一个社团都有属于自己的特色，对于培养学生的兴趣、激发潜力很有帮助，更为他们提供了展现自我的舞台。

### 学费标准：

医学类专业为 5800 元/学年，理工类专业为 5400 元/学年，各专业所属学科门类参见《普通高等学校本科专业目录（2020 年版）》。

5+3 一体化专业学费标准为：第 1—5 学年（本科阶段）按照医学类 5800 元/学年收费，第 6—8 学年（研究生阶段）按照转入研究生阶段当年研究生学费标准收费。

### 住宿费用：

800～1000 元/学年。

### 录取规则：

在非高考综合改革试点省（区、市），专业录取以"分数优先、遵循志愿、专业之间不设分数级差"为原则。进档考生按照投档成绩由高分到低分录取。在专业录取时，按考生的投档成绩和专业志愿进行录取。若考生投档成绩相同，按各省（区、市）确定的同分排序规则进行录取。对于进档考生，其所填报的专业志愿均无法满足时，服从专业调剂者，将被调剂到学校未录满的专业；对不服从专业调剂者，作退档处理。

对于采取"院校＋专业组"方式投档录取的省（市），同一专业组的进档考生按照投档成绩由高分到低分录取。在专业录取时，专业组内按考生的投档成绩和专业志愿进行录取。若考生投档成绩相同，按各省（市）确定的同分排序规则进行录取。对于进档考生，其所填报的专业志愿均无法满足时，服从专业调剂者，将被调剂到学校同一专业组内招生计划未录满的专业；对不服从专业调剂者，作退档处理。

对政策加分考生的录取，按照教育部有关规定执行。临床医学（5+3 一体化，朱宪彝班）、临床医学（5+3 一体化）、临床医学（5+3 一体化，儿科学）和口腔医学（5+3 一体化）专业，在专业录取时均不考虑任何加分因素，对进档考生按考生实际高考文化考试成绩录取。

「校友印象」

HEBEI UNIVERSITY OF TECHNOLOGY

# 河北工业大学

## 简约而质朴的
### 工业人

被誉为"东方康奈尔"的北洋大学堂曾经在海外威名远扬，它是我国近代科技教育工作者的成长摇篮。它的创办，开启了近代教育的先河，结束了封建教育制度的历史。而如今北洋大学堂的西沽旧址就位于河北工业大学的东院。迄今为止，北楼和南楼这两幢建筑都被保存得十分完好。

河北工业大学有 120 余年的建校史，这在我国的高校中为数不多。学校的校史馆散发着浓浓的工业风，一砖一瓦，见证着从辛亥革命到五四运动的历史变迁，也记录着学校的发展与壮大。办实业，干实业，勇毅专精，勤慎公忠，是河北工大传承百年的精神。求实，求是，求知，河北工大的无数学子将自己的青春和汗水抛洒在了校园的每个角落。以发明工业为宗旨，握实业之霸权，工业强，则国家强，这是无数工业人才心中亘古不变的信念。

虽然河北工大的地理位置不在繁华的闹市，但校园生活极为便利。ABCD 四栋教学楼整齐地排列，进入校园就会映入眼帘，工大人就是这么开门见山。穿过一座座教学楼，卸下内心的浮躁，走进砖红色的图书馆，我们可以看到图书馆内外形成了鲜明的对比，里面干净素雅，柔和明丽。年轻的工大学子在这里严谨治学，给这座图书宝库增添了无限的生机。藏在图书馆身后的体育中心，是整个校园的分界线。与好友相约运动场，来一场夜跑，湖光映衬下，整个操场和周边的建筑完美融合，就是一幅美丽的画卷。

工大学子的故事，还是要由朴实无华的工大人亲自来讲述。北辰校区的一天，被清晨绿叶上的第一滴露水唤醒，在学子的第一声诵读中开启。午后，阳光洒遍校园，寻觅一个安静的角落，享受片刻的宁静。灿烂无比的晚霞，展现了北辰校区的另一种美。校园生活单纯而平和，甚至可以说是有点无趣，在这样一个典型的工科院校，生活的另一面大概如此吧。

一个"实"字，虽只有简单几笔，但书写的过程却并不容易。鉴于工大学子是工业型人才，工大对我们要求严，标准高。一块好的钢铁，只有经过反复的淬炼，才能经得起岁月的风霜。"民族振兴，国家富强"，这个八字口号经久不衰。河北工大人的情怀，体现在甘为人梯，体现在不甘落后，体现在吃苦耐劳。

在校友名单上，我看到了李叔同。长亭外，古道边，芳草碧连天。送别了一个个校友，不禁感叹，人生难得是欢聚，唯有别离多。

## 工学并举

★ **河北工业大学**

河北工业大学的前身为创办于1903年的北洋工艺学堂，之后相继更名为直隶高等工业学堂、直隶高等工业学校、直隶公立工业专门学校、河北省立工业专门学校、河北省立工业学院、河北省立工学院、河北工学院。1951年与北洋大学合并为天津大学，1958年恢复重建。1962年与天津工学院合并为新的天津工学院，1971年复名河北工学院，1995年定名为河北工业大学。120多年来，学校承以"兴工报国"，贯之"工学并举"的办学特色，秉魏元光先生提出的"勤慎公忠"校训精神，"勤以治学、慎以立身、公以对人、忠以处事"，历经沧桑不忘教育之本，百折不挠秉持报国初衷，培养了代代工大人身担家国的理想信念、敬业乐群的道德风范、严谨务实的科学态度、好学求新的进取精神，使其在科技领域的探索中孜孜以求，在成长成才的道路上努力前行。

河北工业大学为国家"211工程""双一流"建设高校，是一所以工科为主，工、理、管、经、文、法、艺多学科协调发展的大学。学校设有20个教学机构，占地4000余亩。师生方面，有学生3万多名；有在职教职工2000余人，其中专任教师1800余人。同时，学校有"长江学者""国家杰出青年科学基金"获得者、国家"万人计划"科技创新领军人才等国家级人才34人，有国家级教学名师、"新世纪百千万人才工程"国家级人选、国务院特殊津贴获得者等320余人。

河北工业大学的电气工程已入选"双一流"建设学科。此外，学校还设有河北省电磁场与电器可靠性重点实验室、海水资源高效利用化工技术教育部工程研究中心、河北省绿色化工与高效节能重点实验室、河北省新型功能材料重点实验室、国家技术创新方法与实施工具工程技术研究中心、智能康复装置与检测技术教育部工程研究中心等科研平台。

## 报考须知

### 生活在河北工业大学：

河北工业大学东院的两个食堂是学生最常去的食堂。其中第一食堂一楼以面食为主，二楼是民族餐厅，这里价格亲民，每到饭点人流量都特别大；第二食堂总共有三层，整体环境敞亮，可作为学生的日常活动场所。

河北工业大学的本科生宿舍为六人间，里面安装有空调，冬天也有暖气供应。每层宿舍楼带有公共洗手间以及水房，一楼设有活动室以及全天开放的自习室，并提供打印机、充电插座。

河北工业大学提供了日语、俄语、实用心理学、科幻与物理、排球裁判、数据处理、急救常识等选修课程，很多课程兼具趣味性与实用性。此外，学校里优秀的学生社团也不少，其中翰林书画社在河北工业大学比较出名，该社团传承了中华优秀书画文化，每年都会有学生慕名加入。而且，该社团也曾在诸多书法大赛中获得过奖项，"含金量"很高。

### 学费标准：

普通类专业有5000元/学年、5300元/学年、5500元/学年、5800元/学年等不同标准，艺术类专业为8000元/学年，中外合作办学有5800元/学年（芬兰为9000欧元/学年）、25000元/学年、70000元/学年等不同标准。

### 住宿费用：

700~800元/学年。

### 录取规则：

对于按照平行志愿投档的省（区、市）或批次，学校按平行志愿政策录取；对于按照非平行志愿投档的省（区、市）或批次，学校录取时按照考生报考学校志愿先后录取，即先录取学校第一志愿的考生，若第一志愿不满时，再录取第二志愿考生。

在非高考改革省（区、市）对进档考生安排专业，以分数优先、专业之间不设级差为原则安排考生专业志愿。第一专业志愿不能满足的考生，按其第二专业志愿录取，以此类推。当所有专业志愿均不能满足时，对服从专业调剂的考生，调剂到录取计划未满的专业，对不服从专业调剂的考生，予以退档。在投档分相同的情况下，按照专业志愿顺序为考生安排专业；如专业志愿顺序相同，优先录取相关科目分数高者，理工类考生依次比较数学、外语、语文、理综成绩，文史类考生依次比较语文、外语、数学、文综成绩。

报考建筑学、城乡规划、工业设计专业的考生要求有美术基础。

「校友印象」

TIANGONG UNIVERSITY

# 天津工业大学

## 开启人生
### 新篇章

简约大气，这是我对天津工业大学的第一印象。置身于校园中，砖红色的楼宇透露出浓郁的学院风。也许很多人到天津求学都是奔着南开和天大的名气，其实不妨换个思路，来天津工业大学看看，这里也有一种别致的美。

有一种颜色叫作"天工紫"，端庄典雅，这是独属于天工人的色彩。也许天工的综合排名并不那么靠前，但它的部分专业独树一帜，比如纺织专业，就是全国相关领域的佼佼者。延续优秀的学术基因，一直是天工的传统之一。这里还有亚洲最长的图书馆，横跨两个校区，在这样一个"庞然大物"里读书研习，格局都被放大了。所以说，从天工走出去的学子，身上有一股大气。

很多人会给理工科院校贴上理性和冷静的标签，但天工也有鲜为人知的温暖和情怀。校园里的一草一木，都蕴含着我对天工浓浓的眷恋。盛夏的镜湖，千姿百态的荷花肆意绽放，或笔直，或妖艳，或温柔，或婉约。晚霞覆盖下的校园，有着粉色的浪漫，云朵也变幻莫测，仿佛在进行一场变装秀，时而是甜蜜的棉花糖，时而是憨态可掬的小熊，时而是昂首挺胸的奔马，

考验着大家的想象力。

天津的秋天总是来得特别直接，也极为分明，在这里你可以尽情体会北方的秋高气爽。叶子在风中盘旋飘落，一场秋雨过后，脚下的土地变得更加绵软。抬头望向天空，干净的"天津蓝"，让人产生无限的遐想，空中的白云插着翅膀，仿佛搭载着每个学子的梦想。雨后的校园，空气也格外地清新，空气中弥漫着丝丝的寒意，落叶满地，似乎在提醒我们该加秋裤了。

生活虽然平凡，但每天都是限量版。泮水，学府之水也，泮湖边的蘑菇亭下，是我放空自己的地方。望着波澜不惊的湖面，再浮躁的心情也会恢复平静。如果是清晨，我会带上一本书，在开阔碧蓝的湖水旁，边感受氤氲的雾气，边探索知识的奥秘。

日新道，是我们每天上课的必经之路。是否有新的收获，这是天工学子每天都要思考的问题之一。每天都有进步，每天都在成为更好的自己。奋斗的过程是苦涩而艰辛的，但也是莘莘学子为追求理想必经的过程。

白天充满朝气，夜晚温柔静谧，这就是天津工业大学一天的景象。欢迎和天工携手，赏美景，品四季，共奋斗，开启人生新的篇章。

## 中国非织造布人才培养摇篮

★ **天津工业大学**

天津工业大学办学历史源于 1912 年创建的北京工业专门学校机织科，这是中国北方最早的高等教育纺织系科，标志着中国近代纺织高等教育的肇始与奠基。1928 年北京工业专门学校更名为"北平大学第一工学院"，1929 年易名为"北平大学工学院"，时乃"造就技术专门人才之最高学府"，而当时的机织科也改称"北平大学工学院机织系"。后来，又经历天津大学纺织系、河北纺织工学院、天津纺织工学院办学时期，直到 2000 年，天津纺织工学院与天津市经济管理干部学院合并组建为今日的天津工业大学。

天津工业大学是国家"双一流"建设高校，学校坚持"工科做强、理科做优、文科做精、医科做好"的发展思路，形成了以工为主、多学科统筹发展的良好学科生态布局。学校占地超 2000 亩，下设 5 个学部、25 个学院、1 个书院、2 家附属医院，有 68 个本科专业。截至 2023 年 12 月，学校有在校本科生 1.9 万人左右，

全日制硕士生 5300 余人，博士生 600 余人，各类留学生近 2000 人。师资方面，学校有教职工 2200 余名，其中专任教师 1600 余名、具有博士学位的教师 1000 余名、具有高级职称的教师 1000 余名；另外，还有两院院士 7 名、教育部"长江学者"5 名、国家杰出青年科学基金获得者 7 名、全国杰出专业技术人才 3 名。

天津工业大学是我国最早开展纺织高等教育的学府之一，学校的纺织科学与工程也已经入选国家"双一流"建设学科。学校鼓励自主创新，彰显现代纺织和国防军工特色，拥有天津市属高校中第一个国家重点实验室——分离膜与膜过程省部共建国家重点实验室，建有国家级国际联合研究中心 1 个、国家地方联合工程研究中心 2 个、教育部重点实验室 2 个、教育部工程研究中心 2 个、教育部省部共建协同创新中心 1 个。

## 报考须知

### 🎓 生活在天津工业大学：

天津工业大学有芳缘餐厅、兰缘餐厅、西苑食堂、北苑食堂、工大宾馆餐厅等食堂。除了大众菜、面食，食堂还提供风味餐饮，例如麻辣烫、鸡腿拌面、香酥土豆、香菇滑鸡煲仔饭等，这些食物色香味俱全，深受学生的喜爱。其中兰缘餐厅是一所清真食堂，能够满足少数民族同学的餐饮需求。

天津工业大学本科生宿舍是四人间，为上床下桌的布局，每一层都有公共厕所，每一栋楼都有浴室以及公共洗衣机，宿舍内还配备电风扇、饮水机、空调，并且冬天也会提供暖气，南方的同学完全不用担心气温不适的问题。

天津工业大学选修课涉及的领域很多，有急救课、日语课、俄语课、心理学与生活课、中国古代史课等。其中急救课特别火爆，学生可以学到特定情况下的相关急救知识，以及止血技术等，非常实用。除此之外，天津工业大学的社团种类也很丰富，在泮湖诗社，喜欢诗歌的同学齐聚一堂，共同学习交流，而且社团还会时不时举行诗歌比赛，为大家提供了展现自己的舞台。自行车协会则深受骑行爱好者的追捧，大家可以一同骑着自行车深入大自然，不仅能够结交到志同道合的好友，还能够锻炼身体，一举两得。

### 学费标准：

实施学分制收费，学生按学校培养计划正常完成学业（不含辅修、重修学分学费），所缴纳的学分学费和专业学费之和不高于按学年制收费的学费总额。

### 住宿费用：

1200元/学年。

### 录取规则：

专业录取以"分数优先、遵循志愿、专业志愿不设分数级差"为原则，即对同一投档单位的进档考生，先按投档成绩从高分到低分排队，再按照考生填报的专业志愿顺序录取。

在非高考改革省（区、市），当同一投档单位、同一专业（不包括艺术类）考生的投档成绩相同时，按专业志愿顺序录取；如专业志愿顺序相同，再根据不同科类录取：理工类考生依次比较数学、语文、理科综合成绩进行录取；文史类考生依次比较语文、数学、文科综合成绩进行录取。

对于实施高考综合改革省（区、市）的招生录取工作，录取时按照各省（区、市）公布的改革方案及有关办法执行；高考综合改革省（区、市）的考生须满足学校选考科目要求；投档成绩相同时，按各省（区、市）确定的同分排序规则进行专业录取。

在考生所填报的专业志愿均未满足的情况下，对服从专业调剂者，调剂到同一投档单位未录满的专业；对不服从专业调剂者，作退档处理。

英语专业要求英语语种考生；非英语、日语专业的公共外语课程均为英语，其他专业不具备非英语语种开设条件，请非英语语种的考生谨慎填报。

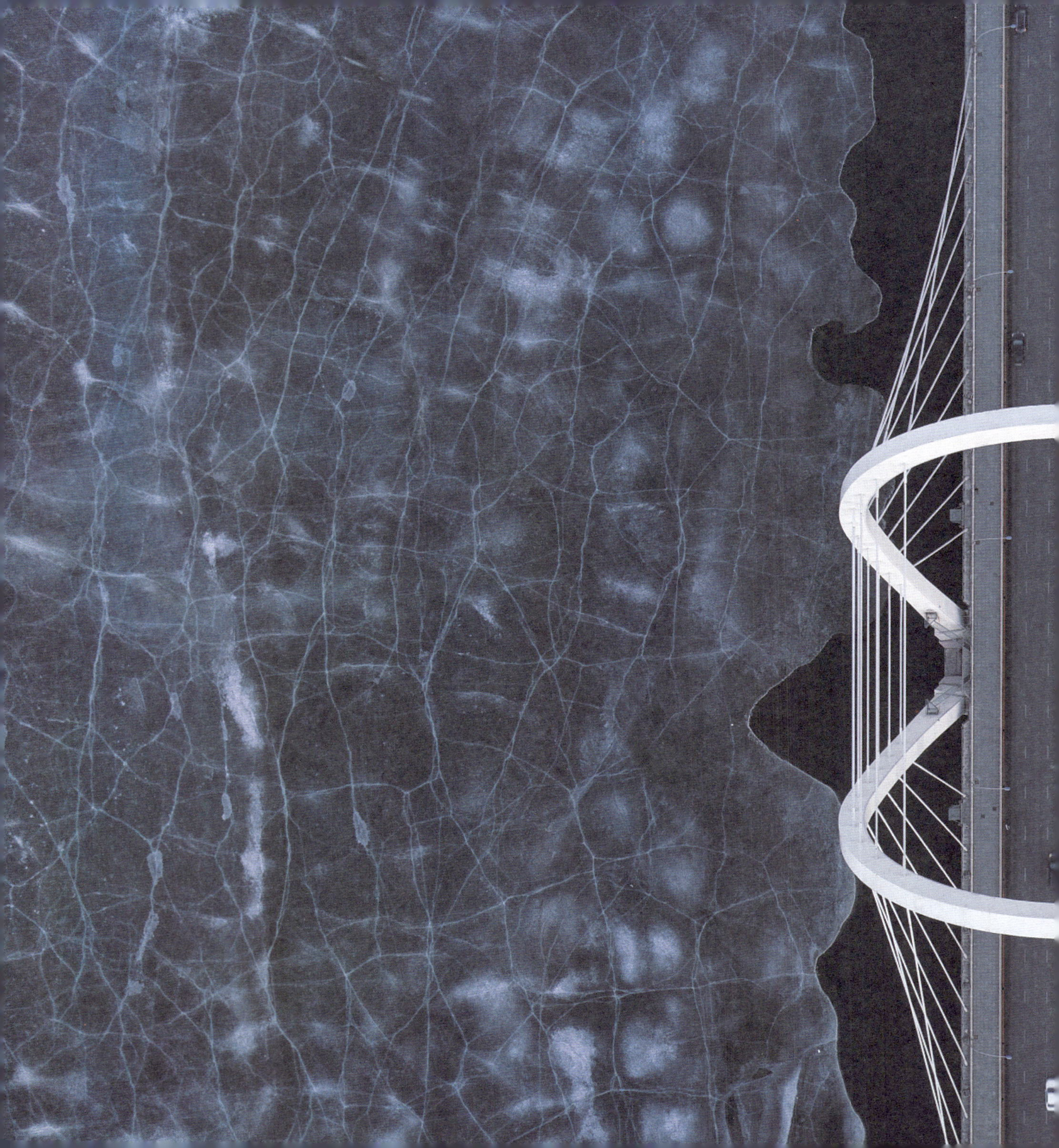

沈阳

SHEN
YANG

「校友印象」

NORTHEASTERN UNIVERSITY
## 东北大学

### 逐梦
**沈水之畔**

大学阶段是人生发展的重要时期，也是人生的分水岭。走出高中校园，我们少了稚气，多了期待。站在人生的十字路口，我来到了东北大学，陌生而充满期待。

东北大学的命运，可以说和国家、民族的命运紧密相连，东北大学的历史充满了动荡，更有勃勃生机。栉风沐雨中，学校不断前进、发展，惊心动魄，却仍不忘初心，砥砺前行。东北大学虽然没有响彻全国的名气，但这里是性价比最高的"985"，也是传统的工科强校，实力毋庸置疑。

沈阳南湖畔边，富饶的东北大地上，莘莘学子用自己的青春书写着东北大学的历史。如今这位百岁老人，一路走来，依然精神矍铄，鹤发童颜。东北大学的校园风景如画，四季分明，有亭台，有楼阁，有山水，有花鸟。

说到东北，似乎总是离不开"冰天雪地""寒气逼人"这样的词汇，但东大的校园早已经在不知不觉中春意盎然。连翘、海棠、碧桃竞相开放，怎能不争春？东大的春天以嫩绿为底色，点缀着粉白色的桃花和梨花。校园里，探头探脑的喜鹊，叽叽喳喳的黄鹂，慵懒自如的猫咪，都不负春光，开启了自己的希望之旅。总之，春天的东大是有点俏皮可爱的，但关键词依然是爱与希望。

东北的盛夏，热情如火。在雨水的浸润下，校园里绿意融融，空气清新。时光在奋笔疾书的指尖流淌，我还记得刚入校时跟室友在音乐喷泉前嬉戏的样子，时光飞逝，转眼已经到了分别的时刻。

夏季的短暂告别，是为了在下个秋季收获更丰硕的果实。这里有沈阳最美的秋景，满地金黄的银杏叶就是秋天送给我们最温柔的礼物，一眼望去，校园里是缤纷的。湛蓝的天空和亮黄的银杏叶构成一幅绝美的画卷，惊艳了每个路过的学子。阳光透过树叶的缝隙，仿佛给它们镀上了金边。自古逢秋悲寂寥，但在我看来，东大的秋日远胜于春朝。

沈阳的大雪，白得有点刺眼，下雪的时候仿佛整个世界都安静了。踩上去，脚下咯吱咯吱地响。在机电馆的三楼，我可以放声地朗诵英文，丝毫不用顾忌自己不标准的发音。远眺窗外，天台上的雪无人问津，那里俨然成了校园里最纯净的地方。

东大的日常，简单平淡，但时隔多年依然历历在目。点点星光，点亮我们的青春。凉风习习的夜晚，和同学一起来一场关于青春的夜跑，体验速度的感觉，不仅磨炼了意志，还收获了友谊，提振了精神。既能在运动场上"动若脱兔"，活力四射，也能在图书馆里"静若处子"，孜孜不倦，这就是多面的东大人。

长征五号运载火箭的成功发射，当然有来自东大人的最深情的祝福。"自强不息，知行合一"，中国的航天精神和东大的理念不谋而合。如今，长征五号的火箭模型矗立在校园里，给学子种下希望的种子，同时也意味着我们的身上多了一份使命和责任。求知的过程往往是苦涩而艰辛的，但我们不甘落后，不甘平庸。

一起相约北国之秋，逐梦沈水之畔。请查收，这是一份来自东北大学的独家记忆。

## 实干报国，创新卓越

★ **东北大学**

东北大学历史悠久，始建于 1923 年 4 月 26 日，是一所具有爱国主义光荣传统的大学。1928 年 8 月至 1937 年 1 月，著名爱国将领张学良将军兼任校长。1931 年"九一八"事变后，东北大学被迫流亡办学，1949 年 3 月，在东北大学工学院和理学院（部分）的基础上成立沈阳工学院。1950 年 8 月，定名为东北工学院，1993 年 3 月，复名为东北大学，1997 年 1 月，原沈阳黄金学院并入东北大学。在百年的办学历程中，东北大学始终坚持与国家发展和民族复兴同向同行，形成了"自强不息、知行合一"的校训精神和"实干、报国、创新、卓越"的东大文化。历史上，东北大学师生曾是"一二·九"运动的主力和先锋。在建设时期，学校先后研发出国内第一台模拟电子计算机、第一台国产 CT、第一块超级钢以及钒钛磁铁矿冶炼新技术、钢铁工业节能理论和技术、控轧控冷技术、混合智能优化控制技术等一大批高水平科研成果，兴办了第一个大学科学园，在技术创新、转移和产学研合作方面形成了自己的办学特色。

东北大学坐落于辽宁沈阳，是国家"985 工程""211 工程""双一流"建

设高校，是一所以工为主的多科性大学，涵盖哲学、经济学、法学、教育学、文学、理学、工学、管理学、艺术学、交叉学科等学科门类。学校设有 80 个本科专业，占地近 4000 亩，图书馆藏书超 370 万册。截至 2023 年 12 月，学校有学生 5 万余人；有教职工 4348 人，其中专任教师 2882 人。学校有中国科学院和中国工程院院士 5 人，海外院士 6 人。

第二轮"双一流"建设大学名单显示，东北大学的"双一流"建设学科有冶金工程、控制科学与工程 2 个。同时，学校设有 100 多个研究机构，其中国家重点实验室、前沿科学中心、国家工程（技术）研究中心等国家级科技基地 12 个，国家级协同创新中心 2 个，省部共建协同创新中心 1 个，辽宁省协同创新中心 4 个。

## 报考须知

### 🎓 生活在东北大学：

东北大学的食堂非常出名，一是因为餐饮种类丰富、价格实惠，二是因为东北大学的部分餐厅对外开放，很多人都慕名而来。回民食堂、培训餐厅、留学生餐厅、东大风味食堂等，都是学生经常出入的地方，肉多肥美的鸡排、扎实的红烧狮子头、炸鸡汉堡、面食、盖浇饭等各种食物，应有尽有。值得一提的是，食堂的环境敞亮干净，而且还配备了投影仪、彩电等设施，可以说是"干饭人的天堂"！

东北大学的宿舍有四人间与六人间，四人间为上床下桌布局，六人间则使用了上下铺。每层楼都有卫生间和洗漱间，还是非常方便的。另外，宿舍楼里专门设有多功能室，学生可以在这里使用微波炉、电冰箱等设备，通宵自习室非常适合想要在夜间学习，但又不想影响室友的同学。最惊喜的是，有些宿舍还能够看到海景，真是妥妥的海景房了。

东北大学的选修课很多，同学们可以在陶瓷艺术欣赏与创作课上"玩泥巴"，体验工匠的乐趣与艺术的魅力；也可以在素质拓展训练课上进行户外攀岩、越野等，习得野外生存能力与团队协作能力，磨炼心志。除此之外，东北大学还有很多有趣的社团，例如音乐联盟、汉服社团、散打协会、跆拳道协会等，同学们完全可以按照自己的喜好去加入，丰富自己的课余生活。

### 学费标准：

按学分制收费，由专业注册学费和学分学费两部分组成，每学年按学年制收费标准预收，实际结算时多退少补。校本部除艺术学院各专业、软件学院各专业和中外合作办学专业外，各专业学年学费标准为 5760～6240 元／学年；艺术学院各专业学年学费标准为 12000 元／学年；软件学院各专业学年学费标准为大一、大二为 5200 元／学年，大三、大四为 16000 元／学年。

### 住宿费用：

700～1200 元／学年。

### 录取规则：

分专业录取时以"分数优先、遵循志愿"为原则，即在思想政治品德考核和体检均合格的前提下，以考生投档成绩为依据，从高分到低分按照考生所报专业志愿（不含专业服从志愿）录取，优先满足投档成绩高的考生的专业志愿，专业志愿之间不设分数级差。

在已调档考生中，如投档成绩相同，则优先录取"语文+数学+外语"成绩高的考生；如"语文+数学+外语"成绩相同，则文科考生按照语文、外语、数学成绩的顺序，理科考生按照数学、语文、外语成绩的顺序择优录取，高考综合改革省（区、市）考生按照有关省（区、市）同分排序规则执行。

在已调档考生中，优先满足有专业志愿的考生。当考生投档成绩无法满足所填报的专业志愿时，如果考生服从专业调剂，那么学校根据投档成绩并适当参考考生单科成绩，从高分到低分调剂到招生计划尚未完成的专业，直至录满；对于不服从专业调剂的考生，作退档处理。

当平行志愿初次投档（或按顺序志愿投档的第一志愿）考生档案不足或招生计划尚未完成时，调取征集志愿（顺序志愿投档时按志愿顺序依次调取非第一志愿）考生档案。对征集志愿（非第一志愿）考生分专业录取时，根据投档成绩并适当参考考生单科成绩安排到招生计划尚未完成的专业，直至录满。经征集志愿仍未完成的计划，学校将调整到其他的省（区、市）录取。

「校友印象」

LIAONING UNIVERSITY

# 辽宁大学

## 银杏树下
### 来相见

辽宁大学历史悠久，学科实力强大。蒲河校区有着宏伟巨大的校门，校匾上的"辽宁大学"四个大字，是由朱德元帅亲笔题写。刚劲有力的大字，篆刻着信仰的基因，彰显着辽大人的风骨和精神。走过了硝烟弥漫的年代，辽大浴火重生，如今校园风景如画，人文环境宽松自由。

辽宁大学远离城市的喧嚣，学习环境也比较宽松，不过每天晚上我都能看到自习室人满为患，可见大家学习的积极性很高。回字形的教学楼里，每到考试前夕，就会传出各种背书声，奇妙的是大家竟然不觉得会互相干扰，据说很多人喜欢这样的氛围，学习效率也很高。

辽宁大学给人的感觉非常朴实，没有刻意地去打造校园景观，因此我们也可以放下包袱，全身心地融入自然。银杏，古老而顽强，也象征着辽大的生命力。每年如期而至的银杏节，可以反映出辽大人对银杏的喜爱。如果你翻开辽大人的相册，会发现大家至少有一张和银杏树的合影。不管多么忙碌，大家总会选择一个秋高气

爽的日子，和伙伴一起去感受节日的氛围，这也会成为我们记忆中的珍藏。每到金秋十月，辽大的清洁工也十分默契地减少了清扫落叶的频率，有了银杏叶的铺陈，校园的亮度似乎都提升了几分。

蒲河校区的中轴线上，有我们辽大人亲手培育的草种，"辽东结缕草"在这里蓬勃生长，给校园的黑土地盖上了一件绿袄。夏天的傍晚，宽阔的大草坪是纳凉的好去处，也是欣赏晚霞的最佳位置。当霞光铺满远处的天空，意味着一天的紧张学习生活暂时落下了帷幕。映雪湖的芦苇荡中，野鸭嬉戏，芦苇的清香沁人心脾。经常有人到这里读书朗诵，面对湛蓝的湖水，思路似乎也会变得更加清晰。一路向西走，来到了秘密花园，这里的景色一年四季各不相同，花卉的种类也十分丰富。风中摇曳的万寿菊，花期很长，直到秋天才恋恋不舍地凋零。

下一个路口转弯，你会遇到什么样的风景？是通往森林的红色栈道，山间幽静的凉亭，还是方圆楼前树上机灵的小松鼠？答案只有等你来了才会知道。用双脚去丈量脚下的土地，用双手去感受落叶的温度，用双颊去触碰冬日的初雪，用双眼去饱览生机勃发的春天。每段旅程，都有不一样的风景，下个新生季，期待和你在辽宁大学相遇。

## 蒲河南望，崇山北顾

★ 辽宁大学

辽宁大学起源于 1948 年 11 月东北人民政府在沈阳建立的商业专门学校，是中国共产党创建的第一所专门商科高校。1953 年，东北商业专科学校合入东北财经学院。1958 年，东北财经学院、沈阳师范学院的部分科系与沈阳俄文专科学校合并，组建成辽宁大学，朱德同志亲笔题写了校名。学校一直秉承"明德精学、笃行致强"的校训，致力于建设有实力、有特色、学习生活祥和的高水平大学。自建校以来，辽宁大学已为国家培养各类学生数十万人，也为美国、日本、俄罗斯、韩国、意大利、英国、法国等国培养了诸多优秀留学生。

辽宁大学是国家"211 工程""双一流"建设高校，是一所具备文、史、哲、经、管、法、理、工、医、艺等学科门类的综合性大学。学校设有 31 个学院，71 个研究院，79 个本科专业。校园总占地面积为 2000 多

亩，图书馆藏书 370 多万册，其中古籍线装书 14 万余册，图书馆是国务院批准的"全国古籍重点保护单位"，也是联合国出版署指定的联合国文件托存图书馆。辽宁大学的历史博物馆、自然博物馆珍藏 2000 余件文物和 2 万余生物标本。截至 2023 年 11 月末，学校有在校学生 3.5 万余人；有教职工 2600 余人，其中专任教师 1600 余人。

第二轮"双一流"建设大学名单显示，辽宁大学的应用经济学已入选"双一流"建设学科。此外，学校还设有 1 个国家级实验教学示范中心、5 个省级人文社会科学重点研究基地、25 个省级智库、19 个省级重点实验室、2 个省级工程技术研究中心、3 个省级工程实验室、3 个省级工程研究中心等科研机构。

## 报考须知

### 生活在辽宁大学：

辽宁大学蒲河校区的学生食堂被称为"沈北第一食堂"，总共有三层，一层以早餐为主，有各种粥、面、早点等；二层则是以大众快餐为主，有米线、麻辣烫、烤肉饭等；三层有着来自全国各地的美食，其中东北烀饼、东北乱炖等颇具东北特色的美食受到了很多学生欢迎。

崇山校区作为辽宁大学的老校区，宿舍一般是采取上下铺形式的六人间，寝室内有桌椅与储物柜。蒲河校区作为新校区，宿舍环境相对来说要更好一些，宿舍是上床下桌布局的四人间，衣柜、杂物柜等一应俱全，宿舍楼内均设有公共洗漱间、公共浴室、公共卫生间等。另外，部分宿舍楼设有医务室与心理咨询室。

辽宁大学共有数十个学生社团，分为公益实践类、体育运动类、文学艺术类、兴趣爱好类、理论学习类等。每年辽宁大学都会举办社团文化节，各社团会借此机会大显身手，以吸引新成员加入。辽宁大学还有很多新奇有趣的选修课，比如影视美学课、侦查课、书法课等，在中华传统医药这门课上，学生还可以学到许多养生知识。

### 学费标准：

普通类专业有 4800 元 / 学年、5200 元 / 学年、5520 元 / 学年、5980 元 / 学年不同标准；艺术类专业有 10000 元 / 学年、11500 元 / 学年不同标准；中外合作办学专业亚澳商学院一、二年级为 33000 元 / 学年，三、四年级为 38000 元 / 学年，新华国际商学院为 50000 元 / 学年。

### 住宿费用：

1000～1200 元 / 学年。

### 录取规则：

普通类本科专业进档考生按"分数清"原则录取，即"分数优先，遵循志愿"：将考生高考文化课成绩（不含加分）从高到低逐分排序，按序逐个检索和满足考生所填报的系列志愿，第一志愿额满，逐次检索其第二、第三志愿及后续志愿。

普通类进档考生中，报考同专业的考生高考文化课成绩（不含加分）并列时，依据一定的录取顺序。首先，省级招考委认定的加分者优先。其次，专业志愿靠前者优先。再次，具体科目分数高者优先，科目优先顺序为：①文学（不包括外国语言文学类）、历史学、哲学、法学门类专业排序为语文、外语、数学；②理学、工学门类专业排序为数学、外语、语文；③经济学、管理学门类专业排序为数学、外语、语文；④外国语言文学类专业排序为外语、语文、数学；⑤中外合作办学专业排序为外语、数学、语文。

英语、商务英语、翻译只限英语语种，其他专业语种不限；日语、俄语、德语、法语、朝鲜语为零起点教学。

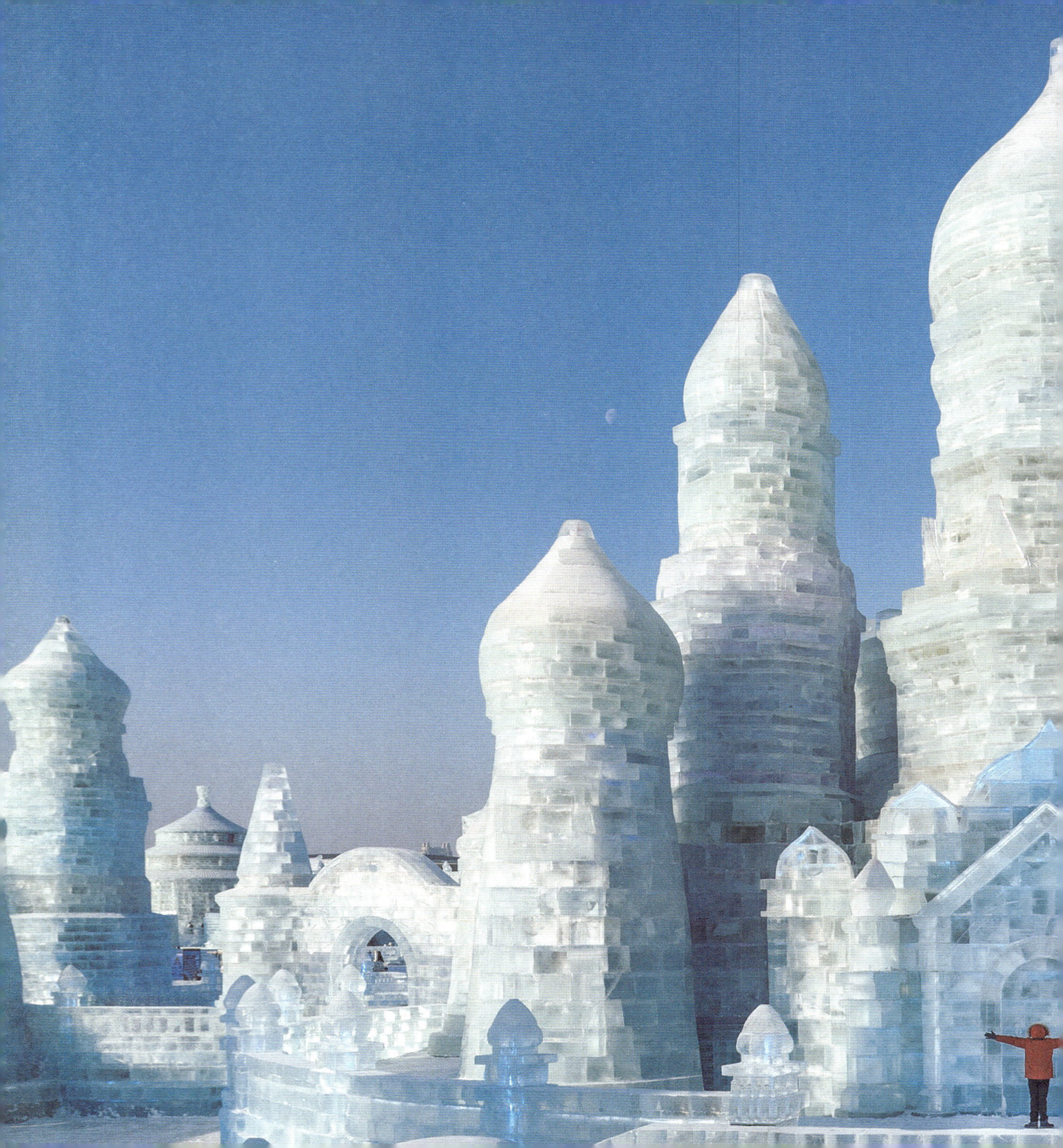

# 哈尔滨

## HA ER BIN

「校友印象」

HARBIN INSTITUTE OF TECHNOLOGY

# 哈尔滨工业大学

## 创造的源头，传承的纽带

作为"红色之路"的重要枢纽，中西方文化经典的交融之地，哈尔滨也被誉为"东亚文化之都"。这块质朴的黑土地，也孕育了拥有百年历史的哈尔滨工业大学。哈工大像一座内涵丰富的博物馆，值得每个学子去瞻仰，去呵护。如果说大学是知识生产和传播的地方，那么哈工大就是创造的源头和传承的纽带，它已经是这座城市乃至整个东北的精神符号。校园内中西合璧的欧式建筑令人耳目一新，置身其中，仿佛来到了异国，很多细节值得你去品味。

听说过"哈工大星"吗？它是一颗以哈工大名字命名的小行星，这也许是学术界对我们学校的最高评价。电机楼广场的南侧，"星际旅行"以雕塑的形式直观地展现了探索的魅力。星空无限，宇宙浩渺，我们对知识的上下求索，永远都是无止境的。始终怀有好奇心，保持求知欲，是哈工大给我们上的第一堂课。

春天的哈工大，并不是繁花似锦的，相反校园里的花开得有点稀疏，在满眼的绿意中更让人觉得弥足珍贵。夜晚回宿舍的路上，看到灯光映衬下的玉兰，甚至感觉有点清冷。不过，5月的哈工大也有浪漫的一面，花团锦簇的丁香挂满枝头，空气中弥漫着淡雅的清香。电机楼旁边有一个天然的门廊，在夏季，外面阳光灿烂，这里却阴凉通风。走进门洞里，会看到一座花园，这里景色优美，是课间放松的好去处，我们可以在里面读书、听音乐。

哈工大历史悠久，建筑物属于典型的苏联式风格，主教学楼多年来未曾改变经典的面貌，尖顶的欧式建筑风格已经是哈工大的标志，这是一种对初心的执着与坚守。底蕴深厚，脚踏实地，朴实无华，只有从这里走出去的学子才能怀着浓厚的热爱去理解哈工大的精神内核。

土木楼见证了哈工大的百年变迁，这里有哈工大人心中最美好的回忆，这是一座有故事的楼，一座有温度的楼。对建筑学院的学子来说，这里更是他们梦想起航的地方，也是见证他们努力挥洒青春汗水的地方。土木楼建筑群形成了一个天然的半闭合空间，夏天在这里惬意地乘凉，冬天在这里欢闹着打雪仗，也是每一位哈工大人心中最深刻的记忆。

迎着早晨的微光，披着夜晚的星光，听着笔尖和纸面的摩擦声，如此地循环往复，我们也获得了应对挑战的力量。路虽远，行则将至；事虽难，做则必成。让我们逐梦星辰，起航向未来。

## 工科大学之母

### ★ 哈尔滨工业大学

哈尔滨工业大学始建于 1920 年，前身是哈尔滨中俄工业学校，当时设铁路建设和电气机械工程两个专业，一律用俄语教学。1922 年 4 月 2 日，学校改名为中俄工业大学校。1928 年 2 月 4 日，学校隶属关系发生变化，改由中华民国东省特区领导，校名改为东省特区工业大学校。1928 年，法政学院与商学院并入，学校正式定名为哈尔滨工业大学，由中苏共管。在日本帝国主义侵入东北后，哈尔滨工业大学又被日军接管，改用日语授课。抗日战争胜利后，又被中苏接管，改回俄语授课。一直到解放前，哈尔滨工业大学一直按俄式或日式办学，用俄语或日语授课，有着鲜明的国际化特征。百年来，哈尔滨工业大学秉承"规格严格，功夫到家"的校训传统，形成了"厚基础、强实践、严过程、求创新"的人才培养特色，培养出了 35 万余名优秀人才，包括 115 位两院院士、165 位大学书记和校长、142 位省部级以上领导干部、51 位共和国将军、450 余位航天国防总师，以及共和国勋章获得者、全国最美奋斗者、全国模范教师等一大批先进典型。

哈尔滨工业大学是国家"985 工程""211 工程""双一流"建设高校，学校坚持扬工强理重交叉，形成了优势特色学科、基础学科、新兴交叉学科、支撑学科组成的较为完善的学科体系，设有 121 个本科专业。学校占地 8400 余亩，图书馆藏书 357 万册（件）。截至 2023 年 6 月，学校有在校学

生5.8万余人；有教职工7000余人，其中专任教师4000余人。

哈尔滨工业大学的"双一流"建设学科有力学、机械工程、材料科学与工程、控制科学与工程、计算机科学与技术、土木工程、航空宇航科学与技术、环境科学与工程等8个。哈工大重视科研，学校有7个国家级重点实验室、1个国家工程实验室、2个国家工程研究中心、6个国家地方联合工程实验室（工程研究中心）、1个国家级2011协同创新中心、102个省（部）级重点实验室等科研平台。

## 报考须知

### 🎓 生活在哈尔滨工业大学：

哈尔滨工业大学食堂的知名度很高。一校区的学士楼总共有三层，其中地下一层的友来餐厅是网红餐厅，一层跟二层有来自全国各地的美食，包括民族特色小吃、地方特色小吃以及流行的旋转小火锅等特色菜。

近几年，哈尔滨工业大学对宿舍楼进行了全新改造，目前寝室已经全部改造为上床下桌的四人间，实现了宿舍空调全覆盖，每层配有卫生间与洗漱间。同时，宿舍楼里的配置也是相当豪华，一楼的服务间里有微波炉、冰箱、饮水机设施，而自习室、会议室也为学生提供了更多的学习空间，部分宿舍楼还设有与教学楼连接的暖廊，上学路上再也不用害怕刮风下雨了。

每年开学季，学校的学生社团都会出来展示风采，吸引来自五湖四海的志趣相同的伙伴。竞技机器人队算是哈工大的特色社团，里面会集了一群喜爱自己动手的重度技术爱好者，在这里，同学们不仅可以提高自己的动手实践能力、创新科技能力，还有机会参加各类大学生机器人大赛，社团也获得过不少世界级赛事的冠军。除此之外，哈尔滨工业大学还开设雪地球、高山滑雪、滑冰、雪地足球等许多时尚冰雪运动选修课程，这也让许多学子爱上了冰雪运动，爱上了哈工大的冬天。

### 第四轮教育部评定 A+ 学科：

机械工程、控制科学与工程、环境科学与工程。

### 学费标准：

普通类专业有 4000 元 / 学年、5000 元 / 学年、5500 元 / 学年等不同标准，艺术类专业为 5500 元 / 学年，中外合作办学类专业有 68000 元 / 学年、78000 元 / 学年、100000 元 / 学年等不同标准。

### 住宿费用：

1200 元 / 学年。

### 录取规则：

学校按投档成绩确定最低录取分数线，并按投档成绩为考生安排专业，采用分数优先原则，专业志愿之间无级差，平行志愿投档录取对服从专业调剂的考生不退档，对所报专业已满且不服从专业调剂的考生予以退档。在投档成绩相同的情况下，优先录取相关科目分数高者，理工类考生依次比较数学、理综、语文、外语成绩，文史类考生依次比较语文、文综、数学、外语成绩，综合改革省（区、市）考生依次比较数学、语文、外语成绩。在内蒙古自治区实行"招生计划 1:1 范围内按专业志愿排队录取"的录取规则。

哈尔滨工业大学民族班录取分数线不得低于在生源地省（区、市）学校一批次录取提档分数线以下 40 分。

哈尔滨工业大学（威海）和哈尔滨工业大学（深圳）

各专业公共外语课为英语，外语统考语种为非英语的考生请谨慎填报专业志愿。

「校友印象」

HARBIN ENGINEERING UNIVERSITY

## 哈尔滨工程大学

**路在脚下，
心怀理想**

说到以"三海一核"为特色的高校,大家一定不会陌生,它就是位于北国冰城的哈尔滨工程大学。哈工大作为拥有中国最美校园之一的高等学府,实力和颜值并存,这是我对学校最直观的感受。

中国古典建筑是中国传统文化的重要组成部分,学校的校歌形容得很贴切,"流云间青檐碧瓦,回首处栋梁参天;脚踏白山黑土,胸怀万里海天……"如果你有一双发现美的眼睛,就会发现校园里其实处处是风景。亭台楼阁,雕栏水榭,既有历史的沉淀,又有古典的婉约。校园里四季更迭,也各有各的美。

由于身处祖国的北端,哈尔滨的冬季总是那么漫长,所以我们格外珍惜这里的春天。南有武大樱花节,北有哈工程杏花开。4月,是属于杏花的,80米长的花海长廊,给校园系上了一条粉色的丝带,吸引了无数人驻足停留。作为春的使者,杏花的生命周期很短,这也提醒着人们别在忙碌之中,不小心错过身边的风景。

秋天的校园热情如火,红枫尽情地释放着自己的魅力,美得浓烈,美得惊艳,在化作尘泥前用最后的能量点亮了整个校园,也惊动了哈尔滨人的朋友圈。静静的白桦林中,金黄色的叶子在秋风中呢喃。不同树种之间柔美的色彩过渡,也表现出了丰富的层次感,让人感觉很舒畅。

来到东北,一定要感受一下银装素裹的冰雪世界。大雪过后的校园里,寒气逼人,但同学们依然会忍不住驻足,想要用镜头来记录这短暂的美景。雪花飞舞之后,是寒冰的主场,校园里的植物被大雪洗刷得一尘不染,然后被晶莹剔透的寒冰封印,仿佛时间都静止了。挺拔的青松,绚烂的

黄叶，鲜红的果实，恋恋不舍地和秋季进行了一场告别。脚下的路，白雪皑皑，走上去松软而踏实。红白相间的六角亭，像一位端庄的美人，亭亭玉立。

看惯了恢宏大气的古典建筑，可以到闹中取静的济海湾走一走，在这里感受湖水的清凉，习习的凉风，让人仿佛置身于温婉的江南。11号楼总是散发着神秘的气息，这里是《嫌疑人X的献身》的取景地，校园里也流传着很多关于这栋楼的传说，让人忍不住去探索。年轻的学子总是有无限的精力，学习之余，还可以在中国高校中最大的操场上，来踢一场酣畅淋漓的足球比赛。

晨光熹微时，晚霞映雪时，月光皎洁时，我不知走过多少遍陈赓路。参天的白杨，笔直向上生长，似乎有冲破天际的力量。不追求过多的雨水，也不贪恋过多的阳光，永远生机勃发，力争上游。这就是我心目中哈工程最真实的样子。历史长河中，它焕发着生机，虽然不是光芒四射，却是国之重器。

路在脚下，心怀理想。走出校园，就要直面生活，但我已经准备好了，随时可以出发。

## 为船为海为国防

### ★ 哈尔滨工程大学

哈尔滨工程大学源自1953年创办的中国人民解放军军事工程学院（哈军工），陈赓大将为首任院长，毛泽东主席为学院颁发《训词》。1966年退出军队序列，更名为哈尔滨工程学院。1970年在哈军工原址以海军工程系为主体组建哈尔滨船舶工程学院（哈船院）。1994年更名为哈尔滨工程大学（哈工程）。学校坚持"三海一核"（船舶工业、海军装备、海洋开发、核能应用）办学方略，为我国船舶工业、核工业、国防现代化和经济社会发展做出了重要贡献，已成为我国船海核领域高水平研究型大学。建校以来，学校为国家培养了近15万名各类高级专门人才，其中包括200多名共和国的将军、部长、省长、院士，近万名高等院校、科研院所、大中型企业的技术领军和高级管理人才，他们为国防现代化建设和经济社会发展做出了重要贡献。

哈尔滨工程大学是国家"211工程""双一流"建设高校，学校设有23家教学科研单位。学校占地2100

余亩，校园建筑中西合璧，飞檐碧瓦，气势恢宏，图书馆藏书 700 多万册。截至 2023 年 9 月，学校有学生 3 万余人，其中本科生 1.6 万余人、硕士研究生 1.2 万余人、博士研究生 3600 余人。师资方面，有教职工 2900 余人，其中专任教师 1900 余人，具有高级专业技术职务的专任教师 1300 余人。教师队伍中现有院士 7 人（含双聘），"全国创新争先奖"获得者 4 人。

第二轮"双一流"建设大学名单显示，哈尔滨工程大学的船舶与海洋工程已入选"双一流"建设学科。同时学校设有 40 多个科研机构以及 150 多个科研和教学实验室，其中包括国家级重点实验室 3 个，国家工程实验室 1 个，国家地方联合工程研究中心 1 个，中国－俄罗斯极地技术与装备联合实验室 1 个，国家级国际科技合作基地 3 个，国家级学科创新引智基地 6 个。

## 报考须知

### 生活在哈尔滨工程大学：

哈工程的食堂汇聚了全国各地的美食。大学生美食广场被学生亲切地称为"大美"，可以同时容纳几千名学生就餐。其中一层以大灶菜窗口为主；二层除了有拉面、冒菜等特色风味窗口，还特意为贫困生设置了低价窗口；三层主要是各种地方小吃窗口和清真餐厅，可满足学生不同的饮食需求。另外被称为"小美"的大学生美食城也有着让很多毕业生想念的特色美食。

哈工程的宿舍一般是上床下桌的四人间，部分宿舍有独立卫生间，并且安装了空调，部分宿舍楼会在每层配备公共洗漱间、洗衣房、晾衣房等，可以充分满足学生的日常生活需求。同时每层楼还设置了公共自习室，方便学生学习。

哈工程还有许多特色学生社团，比如创新能力十足的 E 唯协会，它致力于电子技术的普及、提高与创新，给学生成长提供了强大助力，协会成员也曾在多项全国大赛中取得优异成绩。选修课方面，海洋中国、计算机软件基础等课程既有趣，又实用，也为学生未来的发展提供了很大帮助。

### 第四轮教育部评定 A+ 学科：

船舶与海洋工程。

### 学费标准：

有 3500 元 / 学年、4000 元 / 学年、4500 元 / 学年、4800 元 / 学年、5000 元 / 学年、5500 元 / 学年等不同标准。

### 住宿费用：

四人间 1200 元 / 学年，六人间 800 元 / 学年，八人间 600 元 / 学年。

### 录取规则：

实行顺序志愿、平行志愿的批次，学校录取时按各省（区、市）该批次招生计划的 100%—105% 调档。对于填报的专业志愿不能满足，且不服从专业调剂的投档考生，学校将作退档处理。

学校根据考生投档成绩，按分数优先、遵循志愿的原则分配专业，专业志愿之间不设级差。若考生投档成绩相同，非高考综合改革试点省（区、市），按照高考总分（不含加分）、数学、外语、语文、综合的顺序，优先给成绩高的考生分配专业；高考综合改革试点省（区、市），按照高考总分（不含加分）、数学、外语、语文的顺序，优先给成绩高的考生分配专业。

学校英语专业只招收英语考生，不加试口语。

学校船舶与海洋工程（联合学院）、轮机工程（联合学院）、自动化（联合学院）、水声工程（联合学院）、材料物理（中外合作办学）、机械设计制造及其自动化（中外合作办学）、土木工程（中外合作办学）专业主要以英语授课，其他语种考生慎报。以上专业均不加试口语。

净月潭

长春

CHANG
CHUN

「校友印象」

JILIN UNIVERSITY

# 吉林大学

## 他的肩上
### 也落下了雪

如果你来到长春，问路人吉林大学在哪里，也许会得到"就在附近"这样一个答复。

接着你听说长春坐落在吉林大学里面，你会瞪大眼睛，以为他们在夸夸其谈，等你用双脚丈量整个吉大之后，你会发现这种说法一点儿也不夸张，你甚至会感叹自己走遍了大半个长春，这也是一场令人难忘的经历。

吉大之大，半个长春放不下。由于包容性极强，吉大不仅占地面积大，各学科的覆盖面也极广，六个校区各有特色，但最吸引我的还是新民校区。

医学部庄严肃穆地坐落在新民大街，日复一日地传承着白求恩先生无私奉献的精神。春天雷声阵阵，震颤着我的内心，白求恩先生的雕塑前时而有几只飞鸟掠过，叽叽喳喳，似乎在诉说生命的无限活力。夏日骄阳似火，白求恩先生直视前方，人们似乎可以看到他为所有生命拼搏的身影。秋天黄叶飒飒，尽显凋零和愁绪，但只要你站在白求恩先生的雕塑前，内心的迷雾便会瞬间消失殆尽。冷冬白雪纷纷，白求恩先生肩上也落了雪，看起来那么圣洁，将疾苦病痛挡在了他的身后。

我有幸在白求恩先生的注视下走过一个个春夏秋冬，每次伫立在他身前时，我都思绪万千。学医并非我的本意，治病救人对于我来说也是陌生又遥不可及的，我对生命一直有深深的敬畏感，所以也认为自己的双手不一定能接下这一个个沉甸甸的生命。随着我对人体解剖、生理生化、内科学、外科学的深入了解，随着我主动地去了解肿瘤专业方面的知识，我对生命又有了不同的理解。

生命确实是脆弱的，但它有其自身的力量，而那股力量，是人们难以预见的。

我一度想要打退堂鼓，导员知道我想要转专业的想法后，既没有一味地劝我不要轻易放弃，又没有用无所谓的态度说"那你转吧"。

她认真地看着我说："你真的不喜欢这个专业吗？"

我摇头。

她说她看过我为白求恩先生写的那篇短文，如果不是对医学和生命有一定的思考，我是写不出这样触动人心的文字的。她说她看到我身为生活委员全心全意地帮助班级同学，救助流浪猫以及组织开展关爱残障人士的行动时，很是感动。

"你非常适合当医生，因为你很擅长站在别人的立场上思考，而且你有一颗柔软又坚定的心。"

导员的话让我感触很深，我一直以为自己不适合当

医生，因为我总是感情用事，容易被那些患者的苦痛影响。

导员推荐我去她师兄的科室见习，在肿瘤科，我看到小到年仅 8 岁的女童、大至年近 80 岁的老人患者，他们虽然浑身剧痛，日夜难眠，但还是坚持做着放化疗、靶向治疗以及免疫治疗。每次去查房，他们都笑脸迎人。我最难忘的是一位 21 岁的白血病青年，他虽然经历了两次骨髓移植，但没有唉声叹气，没有放弃自己的生命。他每天都在织围巾，我问他织这么多围巾做什么，他说他要捐给那些穿不暖的小朋友。明明他已经处在了水深火热之中，却还惦记着别人是否挨饿受冻。

那一瞬间，我仿佛看到他的肩上也落下了雪，渐渐地，他的身影和白求恩先生重叠了起来。风吹起窗帘，窗外的阳光耀目而暖心，我下定决心，要成为一名给这些病患减轻病痛的肿瘤医生。

那天回学校有些晚，但我还是去白求恩先生那儿坐了一会，我和他说了自己的许多想法，离开的时候，我向他发誓，一定要成为一名一心救人的好医生。

云开见月，我踏着轻快的步子朝寝室跑去，我的影子被拉得很长，那一瞬间，我也变得像那尊雕塑一样高大。

正是这样的吉大，培育了我这颗圣洁的心。

## 中国汽车人才的摇篮

### ★ 吉林大学

原吉林大学的前身是东北行政学院；原吉林工业大学的前身是长春汽车拖拉机学院，是为适应东北工业发展和长春第一汽车制造厂兴建对专门人才的需要而成立的学院，被誉为"中国汽车农机工业人才的摇篮"；原白求恩医科大学的前身是晋察冀军区卫生学校，国际主义战士、加拿大共产党员、著名的胸外科医师诺尔曼·白求恩直接参与了学校的创建工作；原长春科技大学的前身是东北地质专科学校，为适应国家大规模经济建设的需要而成立；原长春邮电学院的前身是东北邮电学校，为支援解放战争，加速恢复与建设东北解放区邮电通信而成立；原中国人民解放军军需大学是由中国人民解放军兽医大学几经改建而来，其办学历史更是可追溯到清朝末期开办的北洋马医学堂，它见证了百年的沧桑岁月，是一所以军事兽医教育和军事后勤教育为特色，为国家培养了大批高素质军事后勤人才的高等军事学校。今日的吉林大学正是由上述六所学校组建而成。

吉林大学是国家"985 工程""211 工程""双一流"建设高校，学校学科涵盖哲学、经济学、法学、教育学、文学、历史学、理学、工学、农学、医学、管理学、艺术学、交叉学科等 13 大门类，下设 52 个教学单位，有本科专业 140 个。学校占地超 1 万亩，图书馆藏书 807.5 万册。截至 2024 年 2 月，学校有在籍学生 7.5 万余人；有专任教师 6300 余人，其中教授 2400 余人，中国科学院和中国工程院院士 12 人，哲学社会科学资深教授 7 人，外聘杰出教授 40 人，国务院学位委员会学科评议组成员 21 人。

第二轮"双一流"建设大学名单显示，吉林大学的考古学、数学、物理学、化学、生物学、材料科学与工程共 6 个学科已入选"双一流"建设学科。同时，学校重视科研，现有国家重点实验室 6 个，国家工程实验室 1 个，国家地方联合工程实验室 6 个，国家工程技术研究中心 1 个，国家国际科技合作基地 4 个，国家应用数学中心 1 个。

## 报考须知

### 🎓 生活在吉林大学：

吉林大学共有六个校区，网友常常戏称长春坐落在吉林大学里。前卫校区作为吉林大学主校区，食堂也不少。就拿湖畔餐厅来说，总共有两层，一层有着来自北京、湖南、四川等地的美食，可以满足来自五湖四海的学生的口味。二层智慧食堂可以自助选餐结算，学生将各种主食、甜品、水果、特色菜放在带有芯片的餐盘内，结算时感应器会自动算出金额以及卡路里等信息，就餐体验便捷。

吉林大学宿舍环境有新有旧，一般为四人间，上床下桌，没有独立卫生间和淋浴房。不过宿舍楼每层都有公共卫生间与洗漱室，配备了直饮热水机和洗衣机、吹风机等，供学生使用。宿舍内没有空调与风扇，而且为了冬季保暖效果更好，大部分宿舍是没有阳台的。部分宿舍楼负一层还有健身房，热爱健身的同学不用出校门就可以健身了。

吉林大学社团有学术类、科技类、语言类、休闲实践类、社会公益类等，对于喜欢参加社团活动的学生来说，吉林大学的百余个社团绝对很具吸引力。比如轮滑社团，规模大，实力强，曾经多次代表学校拿过活动奖项。学生还可以按照自己的兴趣来选择选修课，电影艺术、人工智能基础、摄影艺术等选修课都是趣味十足的课程。

### 学费标准：

新闻学为7000元/学年；预防医学、放射医学、药学、临床药学、护理学、康复治疗学、临床医学、口腔医学为7080元/学年；产品设计、绘画、环境设计、视觉传达设计、音乐学、音乐表演为11000元/学年；播音与主持艺术、广播电视编导为12000元/学年；软件学院学费前两学年按照同类专业学费标准收取，后两学年按照14000元/学年收取；物理学（中外合作办学）为39000元/学年（第1、2、3学年国内学习期间），第4学年按外方标准收取；其余专业学费标准为4950～6830元/学年，大类招生学费标准按下设专业学费的最低标准收取。

### 住宿费用：

不高于1200元/学年。

### 录取规则：

学校按照考生投档分由高到低和专业志愿顺序确定录取专业，各专业志愿之间不设级差。在考生投档分相同的情况下，优先录取高考文化课总分高者；高考文化课总分相同时，优先录取专业志愿顺序靠前者；高考文化课总分及报考专业志愿顺序均相同时，进行单科成绩比较[文史类单科排序为语文、数学、外语，理工类单科排序为数学、语文、外语，高考综合改革省（区、市）单科排序为语文、数学、外语]，单科分数高者优先录入报考专业。

对同批次同一院校志愿投档的考生，如果未能按志愿进入所报考的专业但服从专业调剂，学校按考生投档分由高到低调剂到未录满且符合培养要求的专业。

在顺序志愿投档的批次，对同批次同一院校志愿投档未能按志愿进入专业且不服从调剂的考生，或服从调剂但投档分未达到调剂标准的考生，或服从调剂但不符合未录满专业培养要求的考生，作退档处理。在平行志愿投档的批次，对未能按志愿进入专业且不服从调剂的考生，或服从调剂但不符合未录满专业培养要求的考生，作退档处理。

英语、俄语、西班牙语、日语、朝鲜语专业只录取外语语种为英语的考生，除英语专业外，均为零起点培养。

「校友印象」

NORTHEAST NORMAL UNIVERSITY

# 东北师范大学

## 就让静湖的花，
### 芬芳你怒放的瞬间

到东北师范大学的第一年,我便看到了学校送别毕业生的灯光秀,虽然展现出来的只是一些文字与图形,但却需要几百个寝室的同学共同努力与默契配合才能完成。听热心的学姐说,这是我们学校的传统,我目不转睛地盯着那一个个明亮闪烁的大字,内心不禁微颤。

这不是我第一次感受到师大的人情味,听说我要一个人坐近20个小时的火车到达长春,在新生群里认识的学姐当时便表示要到火车站来接我。不承想火车晚点,学姐竟举着牌子在出站口等了我近两个小时,她一看到我,便激动地挥起了牌子,一抹甜甜的笑容让我倍感温暖。她明明比我还娇小,却坚持提走了我手中最重的行李箱,还把一个精致的小袋子塞到了我怀里。

那是我第一次吃雪衣豆沙,虽然它在学姐怀里有些变形,味道也腻了几分,但那次吃的雪衣豆沙比我后来每一次吃的都要香甜可口。

虽说我像一只雏鸟一样寻到了可以带着我展翅高飞的成年鸟,但我们课业非常重,学姐读的是数学系,还在准备考研,她的时间更像是海绵里的水,接我已经算是打破了她的计划,面对我之后的邀约,她自然只能一一拒绝。明明学校不大,但我们从来没有偶遇过,慢慢地愈行愈远。

那晚灯光秀,她突然出现在了我的身旁,我们相视一笑,从食堂讲到澡堂,从考试讲到晚自习,从学分讲到综测,从考研讲到家教兼职。学姐总是笑得一脸明媚,她没有任何保留地告诉我要怎么利用我们学校的一切资源,如何克服自己的"水土不服",以及在综合大楼进行家教兼职的申请流程,要学会劳逸结合。

又一天,她一大早把我叫醒,拉着睡眼惺忪的我去静湖晨读,一路树影闪过,清新的泥土香混杂着从未闻过的花香,我打了个激灵,睁大眼睛时,发现一树树春

花在竞相争艳。我惊叹,咱们学校竟有这么多花。学姐看到我眼中的惊艳十分感动,好似终于把自己喜欢的吃食推荐给了一个从来都不愿意尝试的人。学姐告诉我,她已经下定决心要效仿我们的学长冯志远——一位令人敬重的支教老师,去宁夏支教。冯老师放弃"好的出路",只为树起为基础教育服务的大旗,支教40余年,尽管双目失明,但仍站在讲台上教书育人,因为只有教育才能强国。而后来,我们学校也走上了通向基础教育的"长白山之路"。学姐说,这条路没有尽头,她也想要去走一走。一年后,学姐迎来了她的毕业季,6月底的灯光秀我主动参与其中,我在楼上控制其中一个小小的开关,献出一小份力量,只为了感谢她这个热心的领路人。

而自那以后,一向不喜早起的我,为了那条通向基础教育的路,为了静湖湖畔的一树树春花细柳,一天都没有落下晨读,这也成了我最爱做的事情。我时不时还会拍学校的花传给学姐,学姐笑我真有雅兴。

我没告诉她,我以前以为长春不会开花,但我后来看到了学校的美,看到了各种各样怒放的花。这些花,芬芳了整个校园,芬芳了我,芬芳了她,芬芳了每一个学子。

## 勤奋创新,为人师表

### ★ 东北师范大学

1945年10月25日,毛泽东主席接见延安大学校院主要领导干部,指示学校向东北迁移,创办"新型的东北大学"。1946年2月东北大学在辽宁本溪建校,是中国共产党在东北地区创建的第一所综合性大学。1949年7月定址于吉林长春,1950年4月更名为东北师范大学。诗人、《中国人民解放军军歌》词作者公木(原名张松如),作家萧军、吴伯箫,文学史家杨公骥,语言学家孙常叙等诸多著名学者,都曾在这里工作生活过。建校70余年来,学校传承红色基因,弘扬"强师报国,求实创造"的东师精神,共为国家培养输送各级各类毕业生30多万人,一大批优秀人才在教育领域脱颖而出,如攻克世界著名数学难题获得国家自然科学一等奖的包头九中教师陆家羲、感动中国的支边教师冯志远、全国模范教师郭力华、全国教书育人楷模高夯和窦桂梅、全国十杰教师马宪华等。

东北师范大学是国家"211工程""双一流"建设

高校，学校图书馆藏书约 380 万册，学科专业体系覆盖 12 个学科门类，设有 21 个学院（部），82 个本科专业。截至 2023 年 11 月，学校有各类全日制学生 3 万余人；有教职工 3000 余人，专任教师 1700 余人。

第二轮"双一流"建设大学名单显示，东北师范大学有马克思主义理论、教育学、世界史、化学、统计学、材料科学与工程共 6 个"双一流"建设学科。学校以科学研究为强校之本，建有国家工程实验室、国家野外科学观测研究站、国家地方联合工程实验室、国家应用数学中心、国家国际联合研究中心、教育部重点实验室、教育部工程研究中心等国家级、部委级科技创新平台 18 个，教育部人文社会科学重点研究基地、教育部国别与区域研究中心等部委级人文社会科学研究平台 10 个。

## 报考须知

### 生活在东北师范大学：

东北师范大学能被称为"东北吃饭大学"，真的不是徒有虚名！学校本部自由校区有北苑和南苑等餐厅，净月校区有一食堂和二食堂等餐厅。北苑餐厅菜品比较丰富，不仅有拉面、减脂餐、正宗东北麻辣烫等各种特色餐，还有价格便宜的基本餐。每年东北师范大学食堂都会举办特色美食节，蛋糕、炸串、烤全羊都可以免费品尝，学生可以自己动手制作美食，玩游戏赢取食堂优惠券。

除了美食，东北师范大学的宿舍配置也相当不错，一般是上床下桌的六人间，不过没有独立卫浴。宿舍楼每层都设有公共卫生间及水房，吹风机、饮水机、洗衣机也一应俱全，生活还是很方便的。宿舍楼内还有自习室，运动场所也不远，学习、运动都很便利。

东北师范大学的学生社团多种多样，有文学社、动漫社、汉服社、骑行社等，而作为东北师范大学唯一一个研究雪域高原风情、传播西藏文化的社团，锅庄舞协会每年都会吸引许多学生加入。除此之外，东北师范大学还有不少既好玩又能学到知识的选修课，刑法学、应用摄影、健美操等课程都很受欢迎。

### 第四轮教育部评定 A+ 学科：

马克思主义理论。

### 学费标准：

普通类学费有 5290 元 / 学年、5810 元 / 学年、6070 元 / 学年、6600 元 / 学年、6830 元 / 学年等不同标准，艺术类学费为 12000 元 / 学年，中外合作办学类有 26000 元 / 学年、37000 元 / 学年等不同标准。

### 住宿费用：

一般不超过 1200 元 / 学年。

### 录取规则：

在顺序志愿投档批次中，第一志愿考生生源不足的情况下，可录取非第一志愿考生；若符合条件的非第一志愿考生生源仍不足，将由各省级招生考试机构组织征集志愿；征集志愿考生生源仍不足则将剩余计划调剂到其他生源质量好的省(区、市)完成招生计划。在平行志愿投档录取批次中，首次投档生源不足的情况下，将由各省级招生考试机构组织征集志愿；征集志愿考生生源仍不足则将剩余计划调剂到其他生源质量好的省（区、市）完成招生计划。

非高考综合改革省（区、市）（含内蒙古自治区）：对于进档考生，按照投档成绩由高至低和专业志愿由先至后进行录取，专业志愿之间不设分数级差。同一专业录取时，若投档成绩相同，优先录取实考成绩高的考生；若实考成绩仍相同，优先录取相关科目成绩高的考生（文史类考生依次比较语文、数学、外语成绩，理工类考生依次比较数学、语文、外语成绩）。对于所报专业志愿无法满足并且不服从专业调剂，服从专业调剂但是不符合调剂原则或录取额满的考生，作退档处理。

高考综合改革省（区、市）：同一专业录取时，若投档成绩相同，则优先录取实考成绩高的考生；若实考成绩仍相同，则依据生源省（区、市）省级招生考试机构规定的同分排位顺序进行择优录取，若生源省（区、市）在该批次未规定同分排位顺序，优先录取相关科目成绩高的考生 [ 历史类考生依次比较语文、数学、外语成绩，物理类考生依次比较数学、语文、外语成绩，综合改革省（区、市）考生依次比较语文、数学、外语成绩 ]。

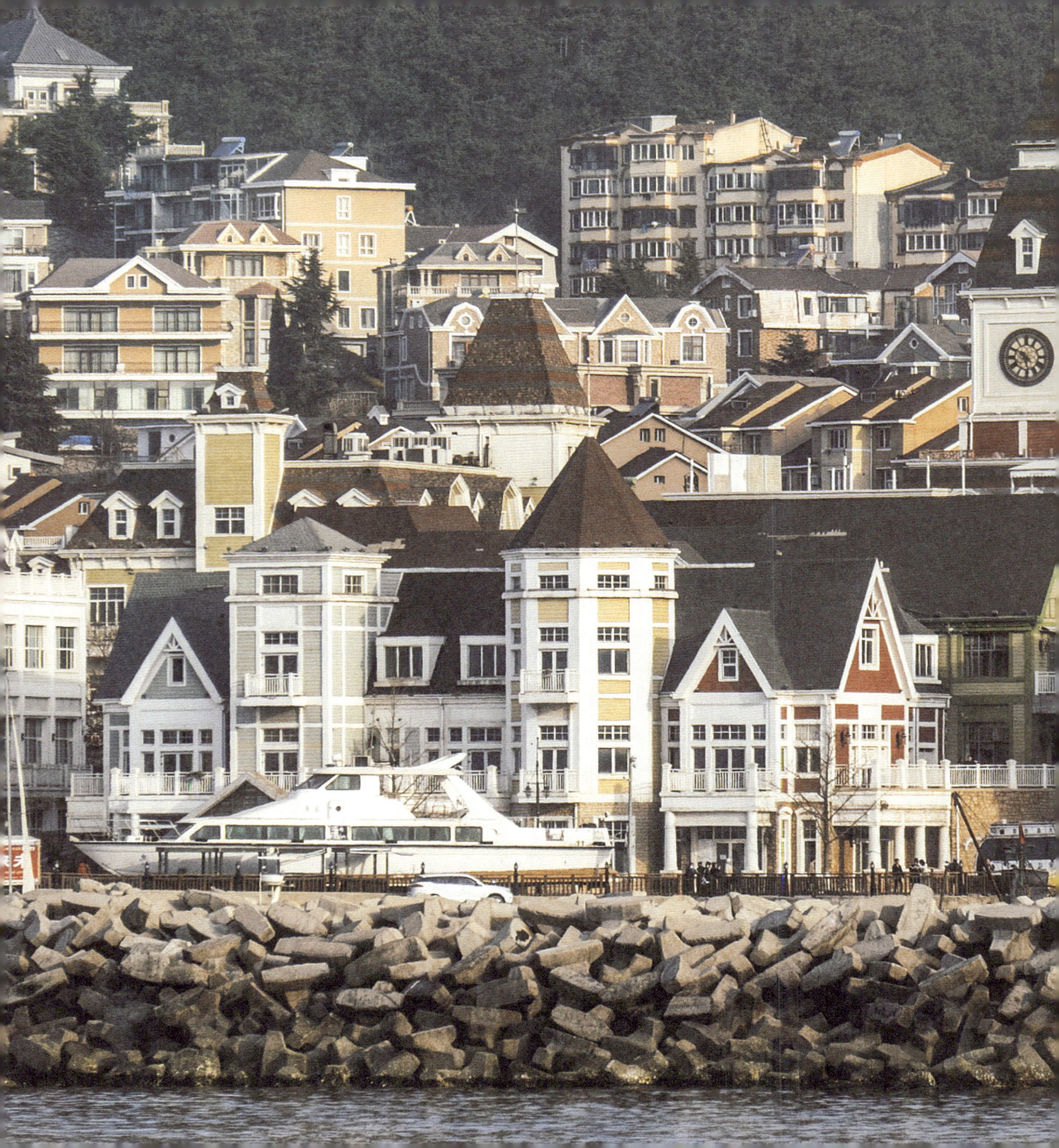

大连

DA
LIAN

「校友印象」

DALIAN UNIVERSITY OF TECHNOLOGY

## 大连理工大学

### 那片不知名的
#### 金黄叶子

我最爱看的，是我们学校的那些高大挺直的树木，虽然我从来没有研究过它们叫什么名字，有着什么特点，但我总是忍不住登高远望，看他们笔直有序、安安静静地伫立在校园里的样子。

冬临，细雪渐落，一夜过去，那些光秃秃的树上都覆盖了厚厚的白雪。当我漫步在雪地上，"吱呀——"声响不断传来，它们似乎在不断絮叨着内心沉浸的欲望，等待来年的新生；春来，零星的嫩芽点缀在它们挺拔的枝丫上，彰显着大学的生命力；夏至，树上又开始长满了葱茏的绿叶，像荡漾的碧波一般，毫无偏颇地给予了所有学子一处避暑之地，让在烈日下奔走的我们能稍微喘口气；秋至，大片大片金黄色点缀了校园，这个众人眼中凋零悲凉的季节，我却最为喜爱。我会情不自禁去情人路漫步，偶尔一片金黄的叶子掉落在我的足边，我都十分雀跃。金色的秋天是如此柔美，让人惬意，我真的不太明白为什么古今都把秋天和悲凉联系在一起，生命不只有充满希望的嫩芽和生机勃勃的青翠，它还有迟暮和结束，无论哪一个阶段，都有其独特的美。

就像我们大学一样，虽然他像一位不懂风花雪月的"直男"一般，一直在理工科的领域攀登并大展身手，但这只是他的一方面，而非全部。学校自身不仅有着深厚的底蕴，还提供了舒适的校园环境和良好的硬件设施，像恢宏大气的图书馆、样样俱全的室内体育馆、便利惠民的综合服务区以及提供安全美味食物的食堂……这些都是每一位学子能够享受到的，也是我们爱上这里的理由。

这是我待在这所大学的最后一个夏天了，四年来，我的成绩在各路大神里面显得普普通通，我既没有登过学校的舞台，也没有得过什么奖项，就连知心好友，也没有几个。坚持做了四年的事情就是游泳和收集树叶标本，我一开始也并不喜欢游泳，水让我恐惧，呛水更让我恐惧，我也一度想要放弃，因为这项运动对我来说只是一时兴起。但不知不觉，我游了四年，我甚至因为放寒假在家没有游泳的条件，而去家门口那条河里冬泳。有的时候，坚持了很久的一件事没做的话，总觉得心里头空落落的。

至于收集树叶标本，也是因为有一天我捡到了一片与众不同的叶子，我至今都没有去研究它叫什么名字，但现在还能想起它那时给我带来的震撼。

在别人眼里，大连理工大学或许是一所不那么突出的大学，但对于湮没于人群里的我来说，它是与众不同的，就像我捡到的那片不知名的金黄的叶子一样。

## 第一所新型正规大学

★ **大连理工大学**

大连理工大学是中国共产党在新中国成立前夕，面向新中国工业体系建设亲手创办的第一所新型正规大学。1949年4月建校，时为大连大学工学院；1950年7月大连大学建制撤销，大连大学工学院独立为大连工学院，1988年3月更名为大连理工大学。学校以培养精英人才、促进科技进步、传承优秀文化、引领社会风尚为宗旨，秉承"海纳百川、自强不息、厚德笃学、知行合一"为基本特质的大工精神，致力于创造、发现、传授、保存和应用知识，勇于担当社会责任，服务国家，造福人类。

大连理工大学是国家"985工程""211工程""双一流"建设高校，学校设有30余个独立建制的学部学院。学校占地超5000亩，图书馆藏书370多万册（件）。截至2023年12月，学校有学生总数4.9万余人，其中本科生总人数2.5万余人；有教职工4500余人，其中专任教师3100余人，专任教师中正高级职称1000余人，副高级职称1300余人。此外，学校有中国科学院和中国工程院院士15人，兼职教师中的两院院士36人。

第二轮"双一流"建设大学名单显示，大连理工大学的力学、机械工程、化学工程与技术已入选"双一流"建设学科。此外，学校拥有一批高水平的科研平台，建有1个国家级"2011协同创新中心"（辽宁重大装备制造协同创新中心），4个国家（全国）重点实验室（海岸和近海工程国家重

点实验室、精细化工国家重点实验室、工业装备结构分析优化与 CAE 软件全国重点实验室、高能精密制造全国重点实验室），1 个国家工程研究中心（船舶制造国家工程研究中心），6 个国家地方联合工程研究中心（工程实验室）等。

## 报考须知

### 生活在大连理工大学：

大连理工大学食堂数量众多，算是高校中天花板级别的存在，咖啡厅、茶餐厅也一应俱全。规模最大的中心食堂有三层：一层有着不同菜系的美食；二层开设了不限量供应的"五元吃饱"窗口，实惠、健康又好吃；三层有各种快餐美食，还设有包厢供师生聚餐使用。大连理工大学食堂不仅会在中秋节、端午节等节日推出限定时令美食，此前还把"淄博烧烤"搬到了校园里，同学们不用走出校园就可以吃到正宗的淄博美味。

大连理工大学的宿舍一般是上床下桌的四人间，配备桌椅、衣柜、穿衣镜等，房间内有独立的卫生间与浴室。部分宿舍是六人间，不过每个楼层都有公共卫生间及洗漱间，方便学生使用，每隔两层还有自助洗衣房，学生可以扫码下单洗衣服。因为大连的夏天不是很热，所以宿舍内没有安装空调，怕热的学生可以自己配备风扇。

在大连理工大学，志趣相投的学生还可以聚集在魔方协会、合唱团、健身社等几百个不同的社团里，为自己的兴趣爱好找到一方施展的舞台。学校的体育选修课也是五花八门，除了篮球、足球、乒乓球等这些常规体育项目，还有滑雪等冰雪项目课程，进一步丰富了学生的校园生活。

### 学费标准：

新闻传播学类、哲学类为 5760 元 / 学年，药学为 6600 元 / 学年，运动训练为 10000 元 / 学年，设计学类为 12000 元 / 学年，软件工程（含网络工程）前两学年为 5200 元 / 学年、后两学年为 16000 元 / 学年，其余专业（类）为 6240 元 / 学年。

### 住宿费用：

一般为 1200 元 / 学年。

### 录取规则：

根据在各省（区、市）（批次）公布的招生计划（不含艺术类专业），学校以考生的投档成绩进行专业录取，实行"分数优先，遵循志愿"的录取原则，即在德、体条件合格的前提下，优先满足高分学生的专业志愿；专业志愿之间不设分数级差。在投档成绩相同的情况下，理工类专业依次比较数学、外语、语文单科成绩；文史类专业依次比较语文、外语、数学单科成绩。内蒙古自治区按分数优先原则（分数清）进行专业录取。

大连理工大学－立命馆大学国际信息与软件学院必修课包含英语和日语，部分专业课程采用英语、日语授课。提供"4+0"和"2+2"两种培养模式，赴日学习期间学费参考立命馆大学当年收费标准。大连理工大学白俄罗斯国立大学联合学院必修课程包括英语和俄语，专业课程采用英语授课。

主校区的英语（含英语、翻译）、日语专业和盘锦校区的商务英语专业只招收英语语种考生，报考上述专业的考生，如所在省级招生考试机构组织外语口试，考生须参加且成绩合格。

「校友印象」

DALIAN MARITIME UNIVERSITY

# 大连海事大学

## 漂洋过海
### 去见你

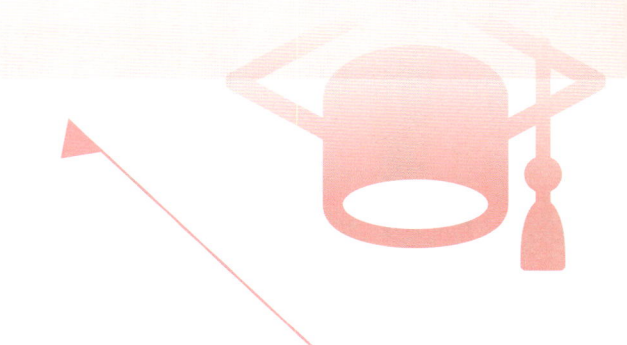

大连海事大学因海而生、凭海而兴、向海而行。看到这句话，我便对大连海事大学产生了浓厚的兴趣，查了许多关于这所学校、关于航海技术这个专业的相关知识后，我立马填好了志愿，而且只填了这个志愿。

朋友知道之后出了一身冷汗，问我就不担心自己没有被录取上，我笑着回他，如果没考上我就明年再考。我好像一直都是这么死脑筋，但想要出海这个想法，在我心里酝酿了很久，我想要去看看宽广大海上的风云变幻，想要和海鸥一起航行，想要停留在各个港口感受各个国家的人文风貌。

来到海大之后，我本来以为自己会对这些理论知识感到枯燥乏味，学习的时候会很痛苦。没想到仅仅这些理论知识就让我觉得十分有趣，每学到一个知识，海上梦似乎就离我更近了。我可以用想象描绘自己未来待在船上的景象。所以，平素最为无拘无束、最爱自由自在的我，对于学校的半军事化管理竟然只有一点点反感。

我深知，出海是一件很严肃的事情，海上什么都有可能发生，而只要我上了船，就会背上巨大的责任与压力。所以，当前的学习和训练都是极其重要的，如果我偷懒耍滑，未来倒霉的不仅仅是我一个人，还有船上的其他同事，以及船上无辜的乘客们。

海大给我最深的感触便是学校"不差钱"，我们外出学习时不论是机票还是偏高的住宿费，学校都爽快地给我们报销了，没有繁复的签字流程，也不会寻不到办事人，更不会遇到用"你再等等"这类的托词一拖再拖的情况。这也是因为学校真心实意地培养我们，"待生如子"不是一句口号，而是学校和老师一直在坚持做的事。比如说曲建武老师，他不忘教书育人的初心，主动请辞省教育厅副厅长的职务，成为一名只谈奉献的普通教师，真不愧是"时代楷模"。我的辅导员也同样优秀，这是他第一次带学生，

虽然偶尔会发生一些小插曲，但他都尽心尽力给我们解决了。他常常说，我们的事情就是他的事情，有事随时给他打电话。即便是下班时间给他打电话询问，他也不厌其烦地给我们解释。哪个学生遇到困难了，他比当事人还要上心，还时不时拉着班委谈话，了解每个人的情况。一次，他让我们在白纸上匿名写上自己最喜欢做的事情和最想要做的事情。他告诉我们，不知道前路不可怕，不去想才可怕，如果感到迷茫，那就先从自己目前喜欢的事情入手，在未来的某一天，我们一定能知晓正确的方向。

这是海大给我的最大惊喜了，海大算不上最好的学校，但在我眼中，海大绝对是对学生最好的学校。海大像大海般有着宽大的胸怀，有着似水的温柔。海大也有远大的志向，那就是向海而行，为国家培育人才，为航海事业培养年轻力量。而我的志向，就在海的那边。

在海大的影响下，我更加坚定了出海的想法。

## 航海家的摇篮

### ★ 大连海事大学

大连海事大学（原大连海运学院）素有"航海家的摇篮"之称，是中国著名的高等航海学府，是被国际海事组织认定的世界上少数几所享有国际盛誉的海事院校之一。大连海事大学源于1909年设立的邮传部上海高等实业学堂船政科，1911年以船政科为基础创办邮传部上海高等商船学堂，1912年更名为吴淞商船学校，1915年停办，1929年复校后更名为交通部吴淞商船专科学校，1937年再度停办，1939年于重庆复校并更名为国立重庆商船专科学校，1943年并入位于重庆的国立交通大学，1946年于上海复校并更名为国立吴淞商船专科学校，1950年与交通大学航业管理系合并成立上海航务学院。1953年，中央人民政府决定将上海航务学院与发端于1927年东北商船学校的东北航海学院合并组建大连海运学院。并校70多年来，学校致力于培养具有家国情怀、全球视野、综合素养、创新能力的高素质专门人才，为国家培养了各类高级专业技术人才10多万名，其中大多数已成为我国航运事业的骨干力量。

大连海事大学位于中国北方海滨名城大连市西南部，是国家"211工程""双一流"建设高校，大连海事大学拥有21个教学科研机构，54个本科专业，学科布局覆盖哲学、经济学、法学、文学、理学、工学、管理学等7大学科门类。学校占地超2000亩，图书馆藏书超200万册。截至2024年1月，学校共有在校生2万余人，有专任教师1600余名。此外，学校在海上交通工程、航海信息工程、船舶智能化、船舶动力系统及节能技术、船机修造工程、通信与信息系统、海洋环境保护、海事法规体系等领域，集中了一批专业理论深厚、科研能力较强的知名专家、教授和学术思想活跃、富有创新精神的青年骨干。

第二轮"双一流"建设大学名单显示，大连海事大学的"双一流"建设学科为交通运输与工程，学校拥有设施和功能齐全的航海类专业教学实验楼群、航海训练与工程实践中心、水上求生训练馆、教学港池、天象馆等；还拥有航海模拟实验室、轮机模拟实验室等100余个教学科研实验室，拥有2艘远洋教学实习船。

**报考须知**

### 🎓 生活在大连海事大学：

大连海事大学食堂不少。中心食堂算是大连海事大学最豪华的食堂之一，其一层是实惠又好吃的大众快餐，有炒饭、炒面、米线等；二层是风味美食；三层以包间为主，还设有咖啡厅，适合老师同学聚餐、休闲以及进行学习或者生活上的讨论。

大连海事大学的宿舍环境算是相当不错的，大部分宿舍为上床下桌的四人间，配有独卫与阳台。只有东山校区的部分宿舍是上下铺的六人间，没有阳台，但是有专门的晾衣房，而且每层也有公共卫生间和水房供学生使用。大连海事大学部分宿舍楼实行半军事化管理，无论是作息时间还是个人卫生整洁度，要求都比较严格。

为了满足学生的个性化、多样化的学习需求，大连海事大学还开设了许多特色选修课，有山海经、陶艺、绳结、美学原理等课程，其中山海经这门教授中国传统文化的课程更是吸引了诸多学生学习。另外军乐社、戏剧社、汉服社等各种有意思的社团也为同学们提供了发展兴趣爱好的平台。

**学费标准：**

政治学与行政学专业为 4800 元 / 学年；航海技术、轮机工程（海上专业）、船舶电子电气工程、安全工程、海事管理、轮机工程（陆上专业）、物联网工程、人工智能、物流管理、供应链管理、金融工程、日语、英语、地理信息科学、应用物理学、机械类、自动化类、计算机类、管理科学与工程类、工商管理类、经济学类、环境科学与工程类、数学类、公共管理类（所含社会工作专业学费标准为 4800 元 / 学年，专业分流后按学校相关规定退大类培养期间学费差额）专业为 5200 元 / 学年；法学专业为 5520 元 / 学年；交通运输类、电子信息类专业为 5980 元 / 学年；机械设计制造及其自动化（中外合作办学）、土木工程（中外合作办学）、电子信息工程（中外合作办学）专业为 80000 元 / 学年。

**住宿费用：**

不超过 1200 元 / 学年。

**录取规则：**

学校按各省级招办提供的投档成绩（含省级招办确认的全国性高考加分项目）提档。按照顺序志愿投档的批次，调阅考生档案的比例原则上控制在 120% 以内。按照平行志愿投档的批次，调档比例原则上控制在 105% 以内，对进入调档线的考生，在服从专业调剂且符合专业要求的情况下，均予以录取。

学校按照考生的投档成绩进行专业录取，实行分数优先的录取原则，即在思想政治品德考核和体检均合格的前提下，优先满足高分考生的专业志愿，专业志愿之间不设分数级差。对于同分考生，理科按照数学、语文、外语成绩排序，文科按照语文、数学、外语成绩排序。在实行高考综合改革试点的省（区、市），按其相关文件规定的同分处理方法执行。在专业录取环节中，遇到同分同位现象时，参考综合素质评价信息进行专业录取；在专业调剂环节，将考生综合素质评价信息作为确定专业的重要参考。

英语、日语专业外语语种要求为英语。航海技术、轮机工程（海上专业）、船舶电子电气工程、海事管理、软件工程专业本科教学外语课程主要开设英语课；中外合作办学专业相关课程为英语授课，要求考生具有良好的英语基础，录取后进一步强化英语学习，升入大二时要求英语水平必须完全适应全英语授课环境，非英语语种考生请谨慎填报。

性别要求：航海技术、轮机工程（海上专业）、船舶电子电气工程专业，由于工作性质特殊，不适宜女生报考，其他专业（类）无男女比例限制。

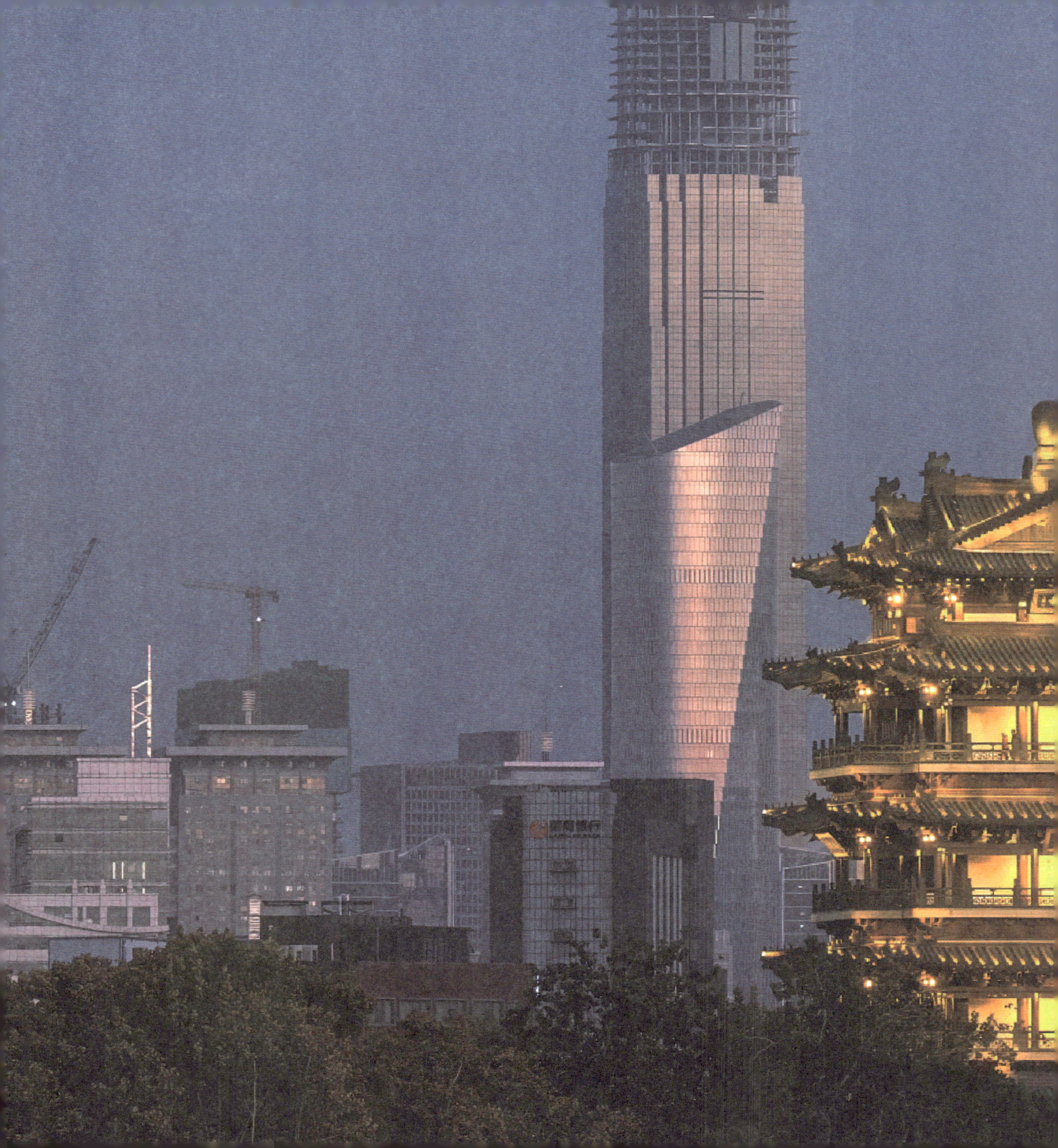

济南

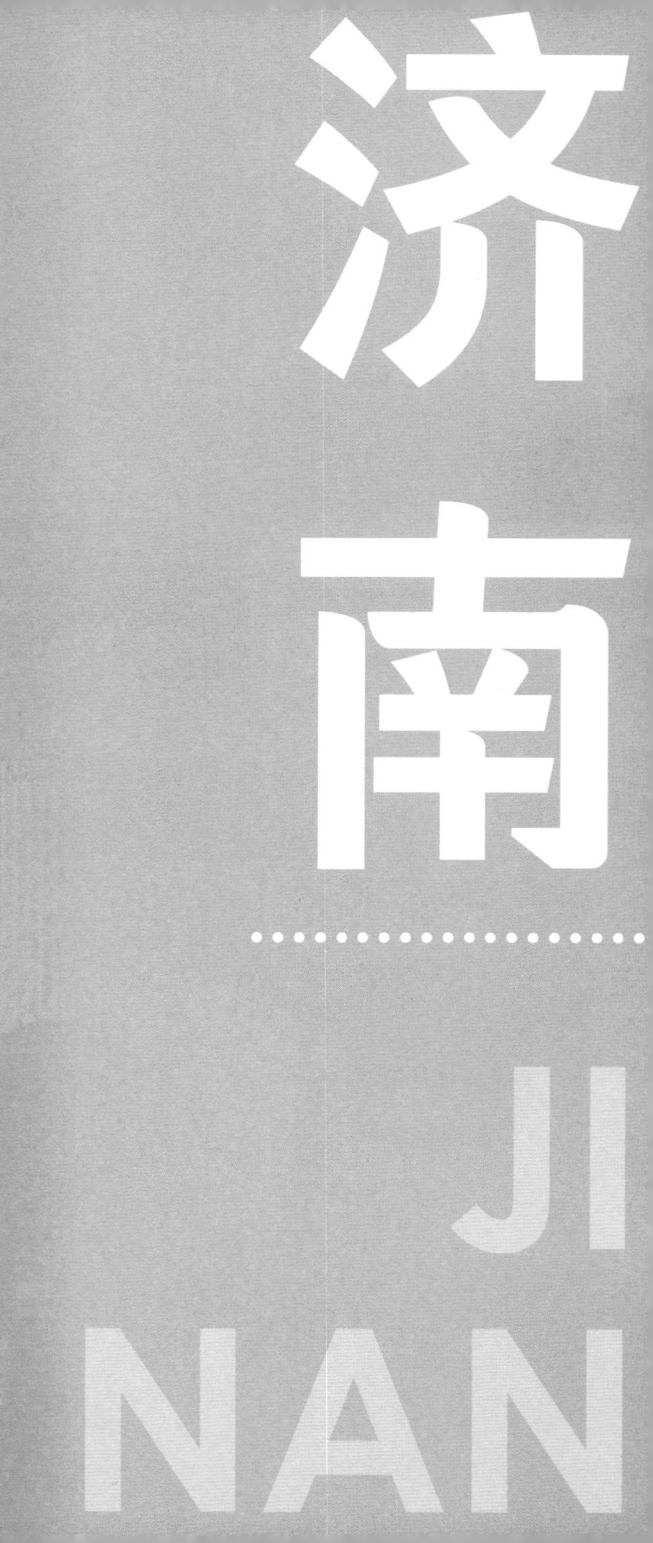

JI
NAN

「校友印象」

SHANDONG UNIVERSITY

# 山东大学

气有浩然的
## 山大红

"为天下储人才，放眼五洲；为国家图富强，求索万年。志向远大，气养浩然；学无止境，不畏登攀。"正如校歌所传唱的那样，山东大学是一所学风浓厚的学校，它虽然侧重文史学科，但亦不忘发展其他学科，"三跨四经历"也是其特有的人才培养模式。就如校徽上的山大红那般，山大敦厚、务实、大气、求新。这里的学生朝气蓬勃，奋发有为，他们朝望泰山，夕饮黄海，日复一日捧读手中书本，朝朝暮暮探寻心中真理，不断向着自己远大的理想攀登。

这离不开这所学校校风的影响，离不开深厚文化底蕴的熏陶，也离不开严师的教育和引导，更离不开山大人心中随时想要展翅高飞的无畏志气。"八马同槽"曾是山大的高光时刻，20世纪50年代，山大的历史系会集了杨向奎、黄云眉等8位著名的教授，他们引领了中国学术潮流，形成了"独断之学"与"考索之功"并重的学术家风，而这时，《文史哲》杂志也应运而生，盛行至今。这些历史研究与学问也成了山大乃至我们国家的宝物，可谓是辉煌一时。

这些文化基础也熏陶了一代代山大人，季羡林、梁实秋、沈从文以及闻一多等人都是山大的校友，他们在文学界有着举足轻重的地位。现如今的山大，一样在持续不断传承和弘扬中华传统文化。你去听听国际教育学院的中华文化体验与传播这门课就知道了，它虽然是一门选修课，但老师并没有用一本黑白的文化课本或者几个PPT打发你。为了让我们深切感受到中华传统文化的魅力，教室里面还专门设置了书法桌、茶席、汉服、编钟等与传统文化有关的东西，老师也并非带着我们参观一下便了事了，而是会带我们一起编中国结、刻章、体验真正的琴棋书画，我还很幸运地在课堂上穿着汉服体验了一回及笄之礼。

这个学期我就像穿越到了过去般，领略了传统文化各种各样的魅力，喝的每一口茶都比以往的更清甜，弹的每一根琴弦都直击内心，穿的那身汉服也让我展现了最美的自己。而课堂上，带过我的每个老师，也都在想方设法让教学变得更加生动有趣，就算不是必修课，他们也从来都没有敷衍对待过。我们的导员也十分重视我们的学习，他不断地提醒我们，只有知识不会背叛自己，而学习，是无止境的。

"也许有一天你学秃了，但你会发现，你变强了。"老师的教诲我从没有忘，虽然有的时候也突然想要喘口气，但看到图书馆满满的追梦人，也不敢懈怠了。山大赋予我的不只有知识，更有坚持的勇气、做一个正直纯粹的人的底气，这便是我眼中的山东大学。

## 中国近代高等教育的起源

### ★ 山东大学

山东大学前身是1901年创办的山东大学堂，被誉为中国近代高等教育起源性大学。其医学学科起源于1864年，开启了近代中国高等医学教育之先河。从诞生起，学校先后历经了山东大学堂、国立青岛大学、国立山东大学、山东大学以及由原山东大学、山东医科大学、山东工业大学三校合并组建的新山东大学等几个历史发展时期。120余年来，山东大学始终秉承"为天下储人才，为国家图富强"的办学宗旨，深入践行"学无止境，气有浩然"的校训精神，踔厉奋发，薪火相传，积淀形成了"崇实求新"的校风，培养了大批德才兼备的优秀人才，为国家和区域经济社会发展做出了重要贡献。

山东大学是一所历史悠久、学科齐全、实力雄厚、特色鲜明的教育部直属重点综合性大学，是国家"985工程""211工程""双一流"建设高校。学校总占地8000余亩，形成了一校三地（济南、威海、青岛）的办学格局，学校本科招生专业97个。学校图书馆有纸质文献800多万册，馆藏古

籍 4.3 万种，是"全国古籍重点保护单位"和"山东省重点古籍保护单位"。山东大学有在校生 7.5 万人；有专任教师 4800 余人，其中，中国科学院和工程院院士（含双聘）21 人，长江学者特聘教授 52 人、长江青年 31 人，国家杰出青年科学基金获得者 70 人、优秀青年科学基金获得者 74 人，国家特支计划领军人才 52 人、青年拔尖人才 64 人，国家百千万人才工程入选者 39 人。

第二轮"双一流"建设大学名单显示，山东大学的中国语言文学、数学、化学、临床医学共 4 个学科已入选"双一流"建设学科。另外，山东大学还设有晶体材料国家重点实验室（新一代半导体材料研究院）、微生物技术国家重点实验室 2 个国家重点实验室，以及隧道工程灾变防控与智能建养全国重点实验室、生殖医学与子代健康全国重点实验室等多个全国重点实验。

## 报考须知

### 生活在山东大学：

作为山东最好的大学，山东大学的食堂也算是山东省乃至全国高校中的佼佼者。山东大学有二三十个食堂，提供上百种菜品。山东大学的齐园食堂被称为亚洲第二大食堂。它总共有五层，地下一层与一层主要提供一些基础菜品；二层有特色窗口、风味小吃和民族餐厅，提供来自全国各地的美食；三层是教职工餐厅；四层为自选式餐厅。山东大学食堂的物价也相当令人惊喜，学生最低花两三元就可以饱餐一顿。

山东大学的宿舍基本是四到六人间，配有书桌等设施。而青岛校区等一些新建校区的宿舍，不仅拥有阳台与独立卫浴，而且还安装有空调，是山东大学宿舍中天花板级别的存在。部分没有独卫的宿舍，其每栋宿舍楼会配备公共浴室、热水房、洗衣机、吹风机等。

山东大学有推理社、汉服社、棋艺社、单车协会、无人机社等花样百出的社团。学校还有不少有趣的选修课程，比如学生可以在中华文化体验与传播这门课上包粽子、练书法、学习雕版印刷等，体验中华传统文化的魅力。

### 第四轮教育部评定 A+ 学科：

数学。

**学费标准：**

按学分制收费，由专业注册学费和学分学费两部分组成，每学年按学年制收费标准预收，实际结算时多退少补。学分学费按实际修读学分计收，学分学费标准为每学分100元。各本科专业学费一般为5000～7000元/学年；艺术类专业学费约为9000元/学年；软件学院、微电子学院约为12000元/学年；中外合作办学专业国内学习期间学费为35000～45000元/学年。

**住宿费用：**

一般为800～1200元/学年。

**录取规则：**

按照平行志愿投档的批次，调档比例原则上控制在105%以内，对于体检合格、服从专业调剂的考生进档后不退档，未完成的计划将征集志愿。

按照顺序志愿投档的批次，调档比例原则上控制在120%以内，依据投档成绩由高到低录取，录满为止，对专业志愿无法满足且不服从调剂、体检不合格或未达到录取线等的考生将作退档处理。在第一志愿考生生源不足的情况下，学校将按照考生投档分数由高到低择优录取非第一志愿考生，直至完成来源计划，若符合条件的非第一志愿考生生源仍不足，将征集志愿。征集志愿仍不足则可将剩余计划调剂到其他生源质量好的省(区、市)完成招生计划。

山东大学按照进档考生的投档成绩和专业志愿安排专业，专业分配时按照"分数优先"原则进行，各专业志愿之间无级差。在专业招生规模允许的范围内，学校将根据考生专业志愿情况适度调整专业招生计划安排。

在投档成绩相同的情况下，按相应省（区、市）同分比较规则执行；对没有明确同分比较规则的省（区、市），依次优先录取高考成绩(不含任何政策加分)高者、高考语文加数学成绩高者、高考语文成绩高者、高考外语成绩高者，直至录满为止。

「校友印象」

CHINA UNIVERSITY OF
PETROLEUM

# 中国石油大学（华东）

## 太阳女神耀石油

石油应该是和浪漫不搭边的。但经过在中国石油大学学习的这四年，我读懂了石油，读懂了石大，读懂了太阳女神像。

刚踏进学校的时候，我看到广场上的雕像就有些惊讶，心想："创造太阳？这尊雕像的名字好浪漫呀！"不知道为什么当时我的心里就感到一股暖流，那一瞬间，我认为自己坚持来到这所学校是对的，便立马拍了张照片发到家族群，并配文：以后我就是创造太阳的女工程师啦！那些不支持我的长辈都摸不着头脑，但我不在乎，看着女神头顶的夕阳慢慢落下去，我下定决心，未来一定要为国家献出一份力量。

虽然头顶的太阳是炽热而浪漫的，但"创造"二字，却是艰难又枯燥的，那些书本上的知识并没有太阳女神像的美感，就像黑乎乎的石油一样，让人难以理解。但正因为它很神秘，所以我更想去弄懂它，一心扑在课本里的我是幸福又幸运的，我能感受到，石油在向我"招手"了。

这四年，陪伴我的，是学校的桌椅、图书馆、南教楼的灯、林间小路、荟萃广场以及秋千上轻声哼唱的不在调上的歌。教室里的蓝色桌椅虽然冰凉，但带给了我极大的安全感，我坐在一群乌泱泱的同学中间，凝视那些学识渊博的老师，他们在黑板上的一笔一画，都刻进了我的心里，他们展示的每份 PPT、传授的每个知识点，都在我的脑海深处留下了印记。幸得有他们的耐心教导，我拿到了自己所求的那笔奖学金，奖学金很重要，但更重要的是那张证书，因为我坚信，我的每一张证书，都能成为未来我敲开石油这扇大门的入场券。

图书馆窗前的朝阳像太阳女神像那般耀眼，让人不禁停下步伐从书海中抬起头来，分神几秒钟，沐浴着它的光辉，仿佛自己的心灵被滋养了一般。

有一天夜里学得累了，我去走廊上吹风醒神，看到南教学楼一盏比一盏亮得久的灯，心里有些感动。原来，不单单是我一个人，还有很多志同道合的同学一起在这条枯燥的道路上奔跑着，我深吸一口气，瞬间头脑清醒，大步一跨，转身进了教室，继续做那些怎么也做不完的卷子。虽然学习知识给我带来了极大的成就感，但有时候，我难免会因为挫败而感到迷茫，用我室友的话来说，终于"学吐"了。一天，我倍感烦躁、不安、丧气，室友便拉着我去了林间小路散步，树木的清香让我平静了下来。后来我们又到荟萃广场上骑行，

## 石油科技、管理人才的摇篮

★ **中国石油大学（华东）**

中国石油大学（华东）的历史，可以追溯至1953年新中国成立之初，当时国民经济建设急需石油资源，石油工业发展急需专业人才。在这种形势下，以清华大学石油工程系为基础，汇聚北京大学、天津大学、大连工学院等著名高校的相关师资力量和办学资源，组建成立了新中国第一所石油高等学府——北京石油学院，隶属燃料工业部，是当时北京著名的八大学院之一。1969年，学校迁至胜利油田所在地——山东东营，更名为华东石油学院。1988年，学校更名为石油大学，逐步形成山东、北京两地办学格局。2005年1月，学校更名为中国石油大学。一直以来，学校始终坚持以人才培养为根本任务，着力打造人才培养质量品牌，赢得了广泛的社会声誉。从广大校友中涌现出大批杰出人才，走出了30多位两院院士以及一大批石油石化行业领军人物和工程技术骨干。

中国石油大学（华东）是国家"211工程""双一流"建设高校，是石油石化高层次人才培养的重要基地，

感受唐海湾吹来的阵阵海风，阳光下，她轻声哼唱着跑了十万八千里调的《起风了》，我终于没忍住笑了。这一天，她就是我心中的另一个太阳女神。

"你不用把自己逼这么紧的。"她笑容明媚。

我点点头，但还是把她拉了起来，带到太阳女神像面前："从我进这个校门开始，它就是我的女神了。"

"某位学姐曾告诉过我，这尊雕像，象征着石大学生的创造力和让工业血液——石油流遍祖国的决心，这是石油的浪漫，太阳女神像的浪漫，石大的浪漫。"

"我也想创造太阳，"我告诉室友，"因为这是属于我的浪漫。"

被誉为"石油科技、管理人才的摇篮"，现已成为一所以工为主、石油石化特色鲜明、多学科协调发展的大学。学校有 16 个教学学院（部），61 个本科招生专业。学校总占地 5000 余亩，图书馆藏书 300 余万册。截至 2023 年 5 月，学校有全日制在校本科生 1.9 万余人、研究生 1 万余人、留学生 700 余人；有教师 1700 余人，其中教授、副教授 1200 余人，博士生导师 395 人；有两院院士（含双聘）、长江学者特聘教授、国家杰出青年科学基金获得者、国家"万人计划"科技创新领军人才、国家"百千万人才工程"入选者等 26 人。

第二轮"双一流"建设大学名单显示，中国石油大学有石油与天然气工程、地质资源与地质工程 2 个学科入选"双一流"建设学科。此外，学校是石油石化行业科学研究的重要基地，在基础理论研究、应用研究等方面具有较强实力，在 10 多个研究领域居国内领先水平和国际先进水平，现有深层油气全国重点实验室、重质油全国重点实验室、海洋物探及勘探开发装备国家工程研究中心等 40 余个国家及省部级科研平台。

## 报考须知

### 生活在中国石油大学（华东）：

中国石油大学（华东）好吃的食物实在太多，干饭人每天都要在食堂里几百种美食中艰难抉择。荟萃苑的装修风格文艺典雅，一共有三层，每层的食物都非常好吃。一层主要有各种炒饭、麻辣烫等快餐，性价比很高；二层有来自全国各地的美食；三层的食物价格会贵一些，以自选菜为主，还配有包间。

学校宿舍有四、五、六人间，以上床下桌为主，大多带有独立卫生间，有些宿舍打开窗就可以看到海，是真正的海景房。而且公寓楼内还设有活动室、休闲区等，每个宿舍内还安装了风扇和空调，学生自己缴纳电费就可以使用。

想要在校园找到志同道合的伙伴，并且开阔自己的眼界，加入学生社团是不错的选择。中国石油大学（华东）的学生社团有网球社、辩论协会、红十字会、蓝丝带海洋保护协会等，其中蓝丝带海洋保护协会是学校比较有特色的社团，属公益性质，社团以海洋环境保护为主旨，吸引了许多热爱海洋的同学。除此之外，学校还有五花八门的选修课。最有意思的就数微型精酿啤酒技术这门课了，在课上学生可以自己酿啤酒，感受麦芽的香气。

### 第四轮教育部评定 A+ 学科：

地质资源与地质工程、石油与天然气工程。

### 学费标准：

学费由专业注册学费和课程学分学费构成，专业注册学费根据山东省发改委规定的年收费标准确定，课程学分学费按学生实际修读课程的学分数收取，学费标准为每学分 100 元。学生在学校规定的基本修业年限内正常完成本科学业所缴纳的专业注册学费和课程学分学费总额不高于省发改委规定的学费总额。

### 住宿费用：

一般为 800 ~ 1000 元 / 学年。

### 录取规则：

对进档考生，在思想政治品德考核合格、身体健康状况符合要求的前提下，按照"分数优先、不设专业级差"原则，根据考生的投档成绩和专业志愿的顺序安排专业。考生分数相同时，按各省（区、市）确定的同分排序细则进行排序录取。对未能满足其专业志愿但服从专业调剂的考生，将调剂到该批次投档中招生计划尚未完成的其他专业；对未能满足其专业志愿且不服从专业调剂的考生，作退档处理。

对于实行高考综合改革的省（区、市），考生的选考科目必须与学校向相关省（区、市）报送并公布的招生专业选考科目要求一致。根据改革省（区、市）要求以各专业为投档单位或以各院校专业组为投档单位，开展投档录取。

英语专业只招收外语语种为英语的考生，对英语口语测试成绩不作要求。其他专业（类）不限外语语种。

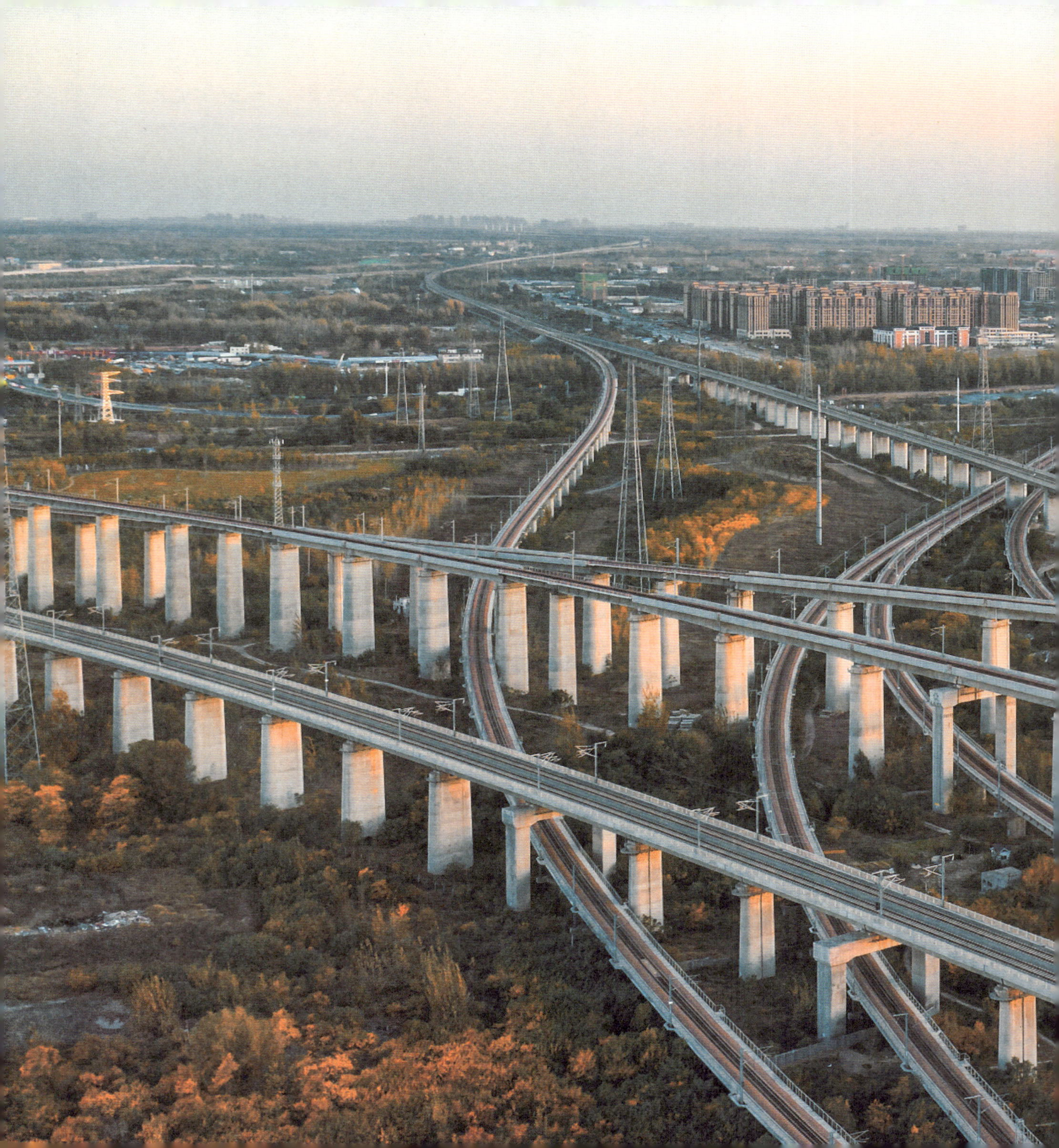

郑州

ZHENG
ZHOU

「校友印象」

ZHENGZHOU UNIVERSITY

# 郑州大学

## 醇真如眉湖，细节见人文

"九州轩辕是故乡，天道酬勤自刚强……"

2022年6月郑州大学校歌正式发布，而我，也在领略了校歌的激情与力量之后，走出校园正式步入了社会。四年之中，我的脚步遍及郑大的每一个角落，体验到了郑大的醇，也感受到了郑大的真，青春的脚步在郑大急促而过，留下的却是恒久的记忆与珍贵的照片。

每每翻看电脑中的照片，我都试图从脑海中寻觅过去的踪迹。眉湖展翅欲飞的黑天鹅，激起了洁白的水花，也使我原本平静的心荡起了波澜，好怀念美好纯真的学生时代，一时间思绪开始飞扬。

郑大风景独好，一弯眉湖的存在，令校园内充满了江南水乡的味道，相比文绉绉的"博雅湖"，我还是更喜欢"眉湖"这个清新脱俗的名字。若是有机会站在高处俯瞰郑大，你会发现眉湖果如其名，犹如女子的自然弯眉一般，婉约而不失灵动。欣赏眉湖的美，要懂得点中原文化才好。从南至北，眉湖有八景值得称道，每一处的景色都暗含悠久的历史渊源，绝非表面所见那么简单。

"河源"涌出的并非简简单单的泉水，它是眉湖的发源地，象征着源远流长的华夏文化，源自具有深厚底蕴的中原地带，九州从此延伸向全国。而据历史考证，轩辕的家乡还真是在郑州。面向眉湖的"问鼎"是商代乳钉纹铜方鼎的仿品，展现了青铜文化，也是当年豪情壮志的楚庄王不甘于偏居一隅的侧写，而达者为先的"博奕"残局，似乎再现了当年刘邦与项羽两军对峙时的情景。试问，谁人不想"问鼎中原"？谁人不想"博弈中土"？郑州这个昔日被群雄逐鹿的中州之地，如今已重新崛起，郑大一马当先，敢于突破、敢于奋进的郑大人以实事求是的精神担当重担，而这也是郑大人永远的执着。

石雕佛珠与湖中小舟组成的"禅趣"彰显的是禅宗文化的意境，也在告诫郑大莘莘学子，非淡泊无以明志，非宁静无以致远。学海无涯，只有勤学才能到达彼岸。"观星测影"的灵感源于古代天文台，吾将上下而求索的精神不但在古代被中原人孜孜以求，至今依旧扎根在郑大人的骨髓里。

郑州是实实在在的"大道通衢"，无论是历史文化脉络的周旋，还是交通地理位置的纵横，从古至今都处于非常重要的地位，身处郑州的郑大更是中华文化传承

的中心之一，郑大图书馆里数万册的古籍见证了中华文明的进程，这里常常座无虚席，学习氛围浓厚。

"凤台荷香"与"杏坛槐林"则将自然景观与人文情怀巧妙地融合在一起，也是我非常喜欢的独处之地，环境清幽雅致，荷花的清香、槐花的芬芳与书香相交融，令我可以进入到心流状态，痴迷于书海而不肯离去。有时候在这里手捧一本书，一天就这样过去了。

我喜欢夜幕降临后五光十色的眉湖，也喜欢"大雨落幽燕"后清新的"眉湖小屋"；喜欢眉湖中的黄色锦鲤和白天鹅，也喜欢春日的樱花、海棠和秋日的荷花，悠悠的情愫就此被点燃，让我永远将母校铭记。

郑州大学，无疑是中原大地学子心中的梦想所在。曾为其学子，终其一生感恩于斯。

## 中原"小清华"

★ **郑州大学**

原郑州大学创建于1956年，2000年7月，原郑州大学、原郑州工业大学、原河南医科大学合并成为今日的郑州大学。教育家、历史学家、哲学家嵇文甫教授，物理学家霍秉权教授，耐火材料专家钟香崇院士，土木工程专家孙国梁教授，耳鼻咽喉科专家董民声教授，食管细胞学创始人沈琼教授，人体寄生虫学专家苏寿汦教授，南阳作家群代表人物二月河教授等一大批知名专家学者，都曾在此弘文励教。学校滋兰树蕙，桃李芬芳，建校90多年，为国家培养了一批杰出的政治家、科学家、教育家、社会活动家、企业家、医学专家和工程技术专家。百余万名校友成为民族复兴大业的建设者和各行各业的中坚骨干，形成独具特色的"郑大品牌"。

郑州大学是国家"211工程""双一流"建设高校，学校设有哲学、经济学、法学、教育学、文学、历史学、理学、工学、农学、医学、管理学、艺术学等12大学科门类。学校有13所附属医院，校本部有51个院系，118个本科专业。郑州大学占地6100余亩，图书馆拥有纸本图书700多万册。截至2023年3月，学校有全日制普通本科生4.4万余人、研究生2.6万余人，

以及来自96个国家的留学生2700余人；有专任教师（含专职科研）4500余人，其中两院院士、学部委员24人，"国家杰出青年科学基金"获得者13人。

第二轮"双一流"建设大学名单显示，学校的材料科学与工程、临床医学、化学已入选"双一流"建设学科。学校还拥有国家超级计算郑州中心、省部共建食管癌防治国家重点实验室、橡塑模具国家工程研究中心、绿色选冶与加工国家地方联合工程研究中心、重大基础设施检测修复技术国家地方联合工程实验室、国家药物安全性评价研究中心等众多科研基地。

## 报考须知

### 生活在郑州大学：

郑州大学有20多个食堂，汇聚了八方的美食，融贯了东西方味道，是名副其实的"干饭人天堂"。主校区柳园的聚英园餐厅，有中餐、自选菜、烤鸭饭、地方小食等。而风华园餐厅实惠且美味，有种类繁多的自选菜，还有各种面食，特别是牛杂热干面颇受同学们喜爱。秋穗园餐厅早餐丰富，有酱香饼、生煎、车轮饼等，中晚餐也很给力，川香干锅、猪脚饭、羊肉烩面还有旋转小火锅，都是不错的选择。另外，秋穗园还开了校园夜市，晚上也不用担心无处觅食。

郑州大学有松园、菊园、荷园、柳园四个生活园区，宿舍有四、六、八人间，四人间与六人间为上床下桌布局，八人间另有两个上下铺，装有暖气、空调，每个层楼会安装洗衣机与直饮水机，生活园区基本都有澡堂，不过只有松园宿舍是小隔间式，具有隐秘性，对南方人友好，而其他基本是北方式大澡堂。

郑州大学的选修课也是五花八门，有拳击、桥牌、现场急救、朗诵艺术、艺术陶瓷制作与鉴赏等课程，很多课程既有趣又有实用性，能丰富知识、开阔视野。每年9月左右，郑大也会开展社团集中招新活动，100多个社团齐聚一堂，展示风采。同学们可以根据自己的兴趣或者专业选择加入，像郑州大学英语村已经成立20多年时间，社团不仅有特色晨读活动，还会定期举办英语讲座、英文电影欣赏、英语风采大赛等活动，无论是对于英语爱好者还是想提高英语水平的同学来说，都非常具有吸引力。

**学费标准：**

文史类专业学费为4400元/学年，理工类专业学费有5000元/学年、5700元/学年两种，体育类专业学费为5000元/学年，医学类专业学费为6300元/学年，艺术类专业学费为8000元/学年，国际学院中外合作办学专业学费为18000元/学年。

**住宿费用：**

一般为400~1100元/学年，如遇政策调整，按政府最新政策执行。

**录取规则：**

学校按照进档考生的实际投档成绩（含小数部分）和专业志愿安排专业，不设专业级差。实际投档成绩（含小数部分）相同时，依次按语文、数学、外语单科成绩从高到低排序安排专业。

按照平行志愿投档的普通批次，对于思想政治品德、体检合格且服从专业调剂的考生，进档后原则上不退档。考生专业志愿无法满足时，若服从专业调剂，则调剂到招生计划尚未完成的专业；若不服从专业调剂，则作退档处理。

所有专业录取不限制外语语种，入学后学校根据考生高考外语语种，以英语、日语、德语、俄语为第一外语安排教学，请非以上语种考生谨慎填报。

特别说明：

（一）轻度色觉异常（俗称色弱）、色觉异常Ⅱ度（俗称色盲）考生不能录取的专业：化学类、化工与制药类、生物科学类、基础医学、临床医学（5+3一体化）、临床医学（5+3一体化儿科学）、临床医学、医学影像学、麻醉学、儿科学、口腔医学、医学技术类、护理学、预防医学、药学类、绘画。

（二）不能准确识别出红、黄、绿、蓝、紫任一色的考生不能录取的专业：除上述（色弱、色盲）不能录取的专业，还包括工商管理类、经济学（中外合作办学）、计算机科学与技术（中外合作办学）。

「校友印象」

HENAN UNIVERSITY

# 河南大学

## 梦回明伦，
### 与大师共沐千秋之文韵

那一天，母校河南大学迎来了110岁的生日，曾经的学子无不送上祝福。而我，也在离校5年之后再一次回到了明伦，回到了满是毛白杨、冬青树和百年银杏的校园，一时感慨万千。

修建于1936年的南大门依旧那么挺拔肃穆，令人肃然起敬。南大门上选录自北宋著名书法家米芾之作的"河南大学"四个大字熠熠生辉，好像在宣告自己的百年积累与沉淀，又好像在昭告天下学子，中原学术历史悠久，地位不可被撼动。

穿过南大门，就到了中西合璧的明伦校区，感受着浓厚的文化气息与严谨的学术氛围，一瞬间，我好像穿越到了建校初期，呼吸变得急促起来，心中越发忐忑不安。那不是冯友兰先生在讲述深奥晦涩的西方哲学史吗？浓重的南阳口音并没有阻挡住学子的热情，教室内座无虚席。冯友兰先生旁征博引，将枯燥的哲学理论说得生动有趣。他的声音犹如指引，让迷茫的学子心灵有了慰藉，找到了到达梦想彼岸的方向。

七号楼又称博雅楼，它还是记忆中的模样，这座砖木式结构的建筑既融入了西洋的浪漫主义，又保留了东方的古典审美。虽然它马上也要迎来自己百年诞辰，但时光的流逝并没有让其变得沧桑，反而使其历久弥新，

越发具有生命力。博雅楼是河南大学历史的见证者，更是历史的传承者，作为历史文化学院的所在地，范文澜、嵇文甫、蒙文通等史学家曾在这里传道授业，无数热爱历史的同仁也曾会聚此地，抛头颅洒热血，追问过去，思量当下与未来。

来到河南大学，怎能不到中轴线上的大礼堂去看看呢？感谢老校长许心武先生的高瞻远瞩，在当时仅有 500 人的学校，坚持建造一座可容纳 3000 人的大礼堂，这才有了今日气势恢宏的大礼堂。当然，我也不会忘记再去抚摸一次贡院碑，石碑上的字迹依然清晰可见，它记载着自身的变迁，也记录着文明的进程；我更不会忘记去小礼堂走一圈，当年侵华日军在这里犯下的滔天罪行是所有中华儿女的屈辱，小礼堂的存在时刻提醒着每一位学子要铭记历史，为中华之崛起而读书。

文韵千秋，今古交融。竖立在图书馆前的北宋理学家张载的雕像，是校友们亲自设计、制作并捐赠的，这也表达了他们对张载、对母校的敬仰与热爱之情，"为天地立心，为生民立命，为往圣继绝学，为万世开太平"的声音仿佛又在耳边响起。

能够在河南大学度过四年的时光，能够与母校一同奋进与博发，实乃幸事。我以母校为荣。

## 团结勤奋，严谨朴实

★ **河南大学**

河南大学创立于 1912 年，始名河南留学欧美预备学校，首任校长为林伯襄先生，校园选建于河南贡院旧址之上，后历经中州大学、国立开封中山大学（又称国立第五中山大学）、省立河南大学等阶段，1942 年升格为国立河南大学。1952 年院系调整部分院系或独立建校或并入兄弟高校，校本部更名为河南师范学院后又经开封师范学院、河南师范大学等阶段，1984 年恢复河南大学校名。110 多年来，学校恪守"明德新民，止于至善"的校训，形成"团结、勤奋、严谨、朴实"的校风和以"百折不挠、自强不息"为核心的大学精神，培养了 70 多万名各类人才，为教育振兴、科技创新、文化传承、社会进步和人类文明做出突出贡献。

河南大学办学历史悠久，文化底蕴深厚，是国家"双一流"建设高校，是一所涵盖文、史、哲、经、管、法、理、工、医、农、教育、艺术、交叉等13个学科门类的综合性、研究型大学。学校有40个学院（教研部）。学校占地5500余亩，图书馆有纸质图书416万册（件）（含线装古籍20.51万册）。截至2023年12月，学校有全日制学生5万余人、教职工4700余人，教师中有院士、学部委员6人。

第二轮"双一流"建设大学名单显示，河南大学的生物学已入选"双一流"建设学科。此外，学校拥有3个国家重点实验室，1个国家野外科学观测研究站，2个国家重点社科研究平台，3个国家地方联合工程研究中心（工程实验室），5个教育部和农业部重点实验室（中心），以及一批国家级教育、研究、培训基地。

## 报考须知

### 生活在河南大学：

河南大学一共有三个校区，分别是明伦校区、金明校区、龙子湖校区，为了满足不同学生的饮食需求，每个校区都有回民餐厅、特色风味餐饮等。明伦校区有一个中心食堂，一共两层，配有电视、VCD等影像设备，是河南大学最大的食堂。这里的一楼有小碗菜、油泼辣子面、石锅拌饭等，二楼有自选菜等，不过最值得一试的是驴肉汤，味道鲜美，价格不高，量很足，深受学生喜爱。

河南大学的宿舍大多是四人间与六人间，住宿条件最好的是金明校区的南苑公寓，安装有空调并且冬季供应暖气，与南苑餐厅距离也非常近，就餐很方便。另外，宿舍楼内设有娱乐室以及自动售货机，有些宿舍还配有独立卫生间。

河南大学的选修课种类很多，有西班牙语、减肥与体重控制、台球等课程，学生可以根据自我需求选择。另外，学校每年都会举行书法展览、诗歌朗诵等活动。

学校还有很多有趣的社团，比如说双节棍协会、太极拳协会、自行车协会、汉服社、相声社等，每个社团都有自己的特色，在这里你可以找到属于自己的乐趣。

**学费标准：**

文史类专业为 4400～5060 元/学年，理工类专业为 5000～5750 元/学年，医学类专业为 5500～6320 元/学年，艺术类专业为 8000～9200 元/学年，运动训练、武术与民族传统体育专业为 8000 元/学年，中外合作办学专业为 18000 元/学年，软件学院本科专业为 15000 元/学年。

**住宿费用：**

四人间（有暖气）为 1100 元/学年，四人间（无暖气）为 1000 元/学年，六人间（有暖气）为 800 元/学年。

**录取规则：**

以高考成绩为依据，以普通高中学业水平考试成绩和综合素质评价情况为重要参考，实行"分数优先"的原则，即在填报河南大学志愿并投档到学校的考生中，优先满足高分考生的专业志愿。

投档成绩相同时，按照语文、数学、外语单科成绩依次排序综合考虑安排专业。考生所报专业志愿无法满足时，若服从专业调剂，则调剂到河南大学招生计划尚未完成的非单列计划专业（不区分校区）；若不服从专业调剂，则作退档处理。平行志愿投档录取后，未完成的计划，按照教育部和各省级招生主管部门的规定重新征集志愿。

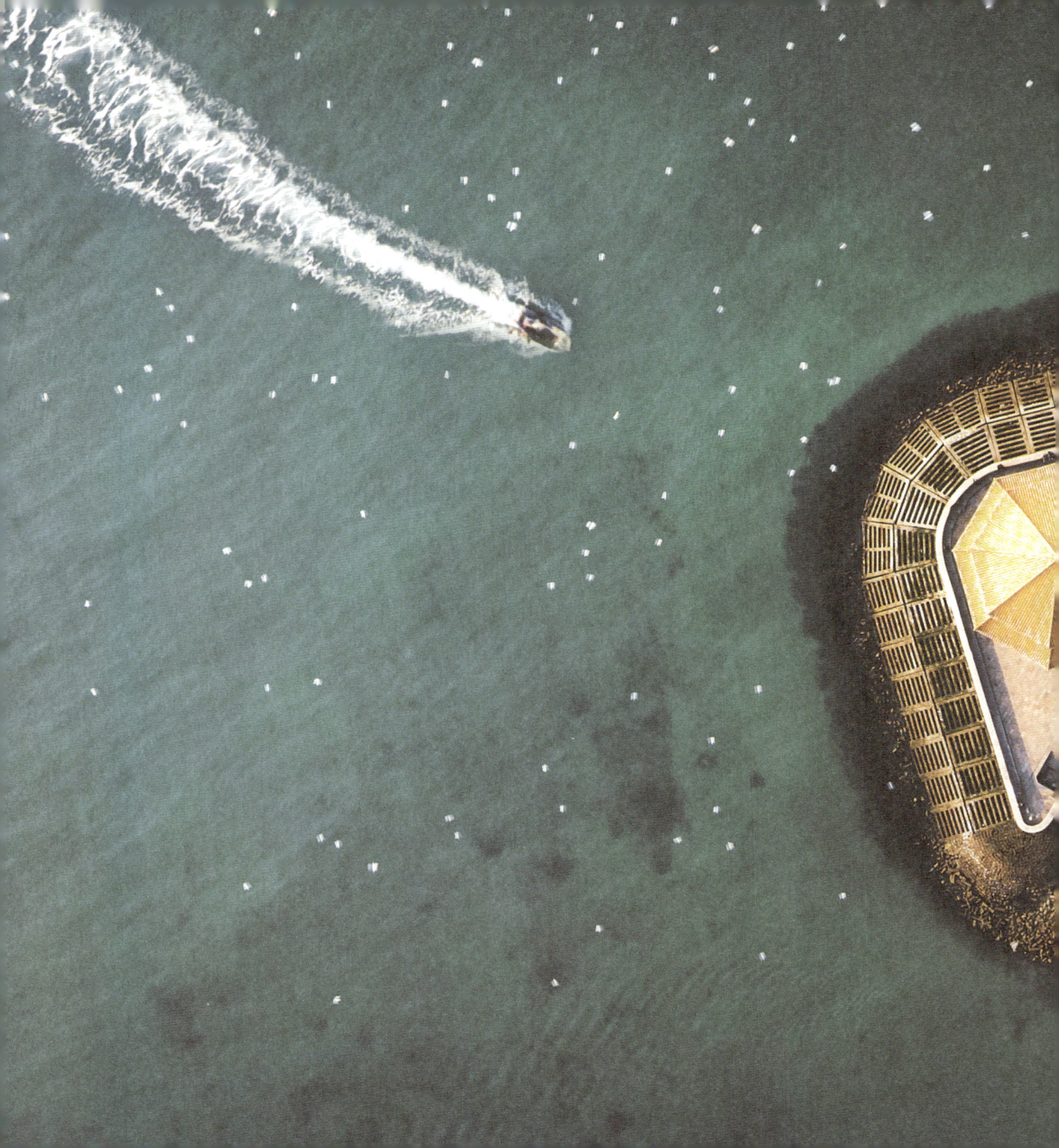

青岛

QING
DAO

「校友印象」

OCEAN UNIVERSITY OF CHINA

# 中国海洋大学

## 白鸥掠过
### 风霜雨雪

放眼望去，学校旁的第一海水浴场的沙滩上人头攒动，游客在灿烂的阳光下开心地笑着，一只只白鸥在人们的雀跃声中时而散、时而聚，忽高忽低，它们贴着海面飞行，掠过一朵朵浪花，也惊了水下的鱼。白鸥此刻能如此自由自在地在这片海域翱翔，是因为它们经受住了大风大浪的考验，它们从不逃避，从不抱怨，总是用高亢嘹亮的歌声直面现实。

中国海洋大学在我的眼中也是这样的，她拥有海纳百川般宽广的胸怀，就像海鸥面对神秘的海洋，什么样的气候、什么样的海面，它们都能接受，海大也是如此。海大容纳了各种学术思潮，会聚了各路群英，还教育我们要谦虚谨慎，教导我们"取则行远"，一旦树立了自己的目标，就要敢想敢做，不能还没做就断定自己做不了，要踏踏实实地为了这个目标不断努力。风再大，也要振动自己的翅膀，浪再大，也不能退缩，要无惧无畏，朝着自己的梦想前进。

海大除了拥有撼动人心的精神力量，也是孕育文化的宝地。

梁实秋的《忆青岛》，各路文人在此处留下的足迹，依山傍海得天独厚的地理环境，让这里掀起一波又一波文化热潮，引得众人纷至沓来，而后又留下不少与这片土地有关的回忆及情思，这些都为青岛和海大披上了文化的青衫，涂上了永不褪色的人文色彩。

海大鱼山校区西洋风格的建筑群在这片碧海蓝天中同样显得熠熠生辉，主楼前身是德占时期的俾斯麦兵营，其新哥特式风格令人眼前一亮，还被德国学者约瑟夫·林德评为"堪称对未来的建筑产生积极影响的典范"。海大的左邻右舍也扬名全国，老舍故居、青岛美术馆、栈桥、信号山，每一处都极具特色及历史意义。

而海大，包容了这些不同的文化。放眼望去，在校园里郁郁葱葱的参天大树的点缀之下，截然不同的中式韵味和西洋风情融为了一体，既像一幅引人遐想的风景画，又像一首耐人寻味的诗歌。每一处、每一个瞬间都令人心动不已。

我想，我也要成为一只歌声嘹亮的"海鸥"，在海洋环境这片"海域"自由翱翔，用我这些年在海大学到的所有知识，为这片"海域"找到新的方程式和解答方法，用我漫步校园时得到的感悟和创意，为这片"海域"书写不一样的诗篇。

这也许是一个遥不可及的梦，但只要我一步一步向前走，总有一天我会找到梦的入口。

# 海纳百川，取则行远

★ **中国海洋大学**

中国海洋大学的历史可追溯至1924年，前身是私立青岛大学，它是国人在齐鲁大地上创办的第一所本科起点的现代大学，彼时国内学界名流梁启超、蔡元培、张伯苓、黄炎培等均为名誉董事。1928年，学校因北伐战争而停办。战争结束后，南京国民政府教育部决定在原私立青岛大学校址上筹建国立青岛大学。1930年9月，国立青岛大学正式成立，文学家、教育家杨振声任校长。此后，学校又经历更名、搬迁、停办、复校、合并等，直到2002年，学校正式更名为中国海洋大学。百年的办校历史中，中国海洋大学秉承"海纳百川，取则行远"的校训，为社会培养了许多有志之士，参加中国第一次南极考察的75位科学家中一半以上是海大毕业生。

中国海洋大学是一所海洋和水产学科特色显著，学科门类齐全的教育部直属重点综合性大学，是国家"985工程""211工程""双一流"建设高校。学校图书馆有295万册纸质图书。学校设有1个学部、20个学院和1个基础教学中心，截至2023年12月，学校有在校生3.5万余人，教职工4000余人。

第二轮"双一流"建设大学名单显示，中国海洋大学有海洋科学、水产2个"双一流"建设学科。学校建有全国重点实验室、国家工程技术研究中心、国家地方联合工程研究中心等省部级以上各类科研基地平台数十个。学校还拥有3艘科学考察实习船舶，形成了自近岸、近海至深远海并辐射到极地的海上综合流动实验室系统，具备了一流的海上现场观测能力。

## 报考须知

### 生活在中国海洋大学：

中国海洋大学拥有 10 余家食堂，同学们基本不用为每天吃什么而发愁。崂山校区的第一食堂总共有三层，一层汇聚着全国各地的特色美食，像肉夹馍、米线、牛肉汤、旋转小火锅等，二层和三层以自选菜为主，不仅菜品丰盛而且价格实惠，各种口味任学生选择。

中国海洋大学宿舍条件良好，宿舍内书柜、鞋柜、衣橱一应俱全。每层楼设有自习室、卫生间、热水房，并有洗衣机、烘干机、洗鞋机等供学生使用。

中国海洋大学的学生社团丰富多彩，有海鸥剧社、志愿服务社团等。学校的选修课也独具特色，比如海洋科考认知实践课的课堂地点就设在海上。学生在这门课上不仅能学习各种海洋测绘知识，还能看到不同的海景。

### 第四轮教育部评定 A+ 学科：

海洋科学、水产。

### 学费标准：

课程学分学费按学生实际修读课程的学分数收取，每学分学费标准为 100 元。学生在规定的基本修业年限内正常完成本科学业所缴纳的专业注册学费和课程学分学费总额不高于省物价部门规定的学费总额。

### 住宿费用：

800～1200 元/学年。

### 录取规则：

对于思想政治品德考核合格、身体健康状况符合相关专业要求的进档考生，学校根据考生高考投档成绩和专业志愿按"分数优先"原则录取,各专业志愿之间不设级差。

考生高考投档成绩相同时的专业录取排序规则：对于提供位次排序的省（区、市），遵照考生所在省级招生管理部门提供的排序分进行专业录取。如无位次排序，则依次按照数学、语文、外语单科成绩排序录取。

对于未完成计划的省（区、市），学校将按照省级招生管理部门的统一安排征集志愿。征集志愿或调剂专业的进档考生只能安排到录取未满额的专业。如征集志愿仍不能完成计划，则将剩余计划调配至生源充足的省（区、市）。

对于实行高考综合改革的省（区、市），按照有关省（区、市）公布的最新方案及办法执行。考生选考科目应符合学校招生专业（类）规定的选考科目要求。对于按照院校专业组投档的省（区、市），根据考生志愿按照"分数优先"原则在同一院校专业组中安排专业。

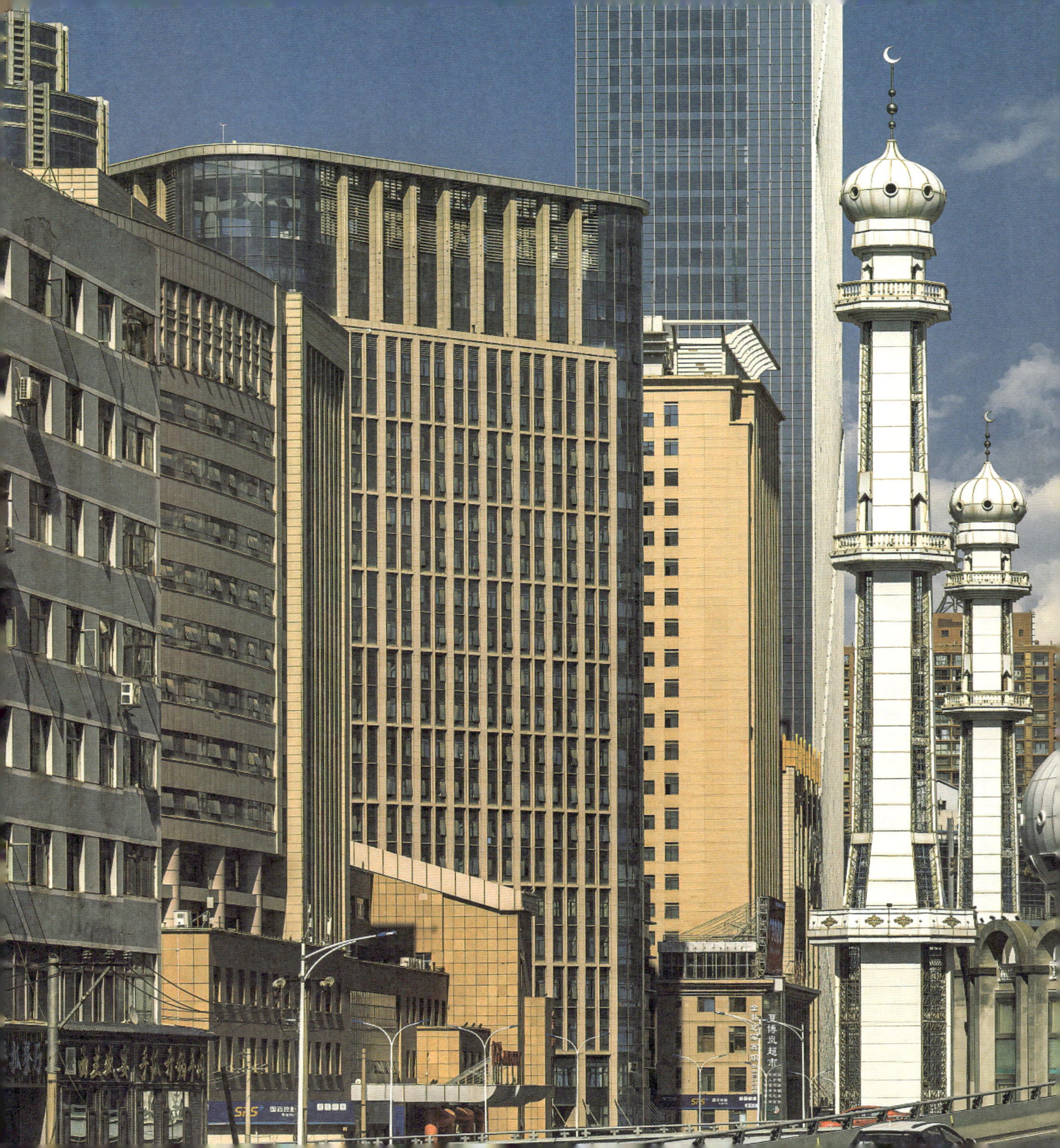

兰州

LAN
ZHOU

「校友印象」

LANZHOU UNIVERSITY

# 兰州大学

下一站，
兰州大学

"下一站,兰州大学。"

每次在公交车上听到这则广播我都十分激动,因为兰州大学是我们省最好的大学,所以读初中时我就下定决心要努力考上这所大学。终于,这个我无数次路过的站点,成了我求学路途上的一个终点,也是我人生中的一个新的起点。

"兰州大学站到了,请需要下车的乘客有序下车。"

报站的女声平缓有礼,在我耳中却宛如仙乐,格外地响亮,我心跳如鼓,情不自禁昂起首,踏步如风,以兰大新生的身份走进兰大校园。

我对风沙环境力学有着浓厚的兴趣,为了成为郑晓静老师门下的研究生,我日夜苦读,终日奔走于寝室、教室、图书馆之间。我什么活动都不参与,什么热闹也不凑,和室友相处和洽,但也只是点头之交。虽然成绩不错,拿了奖学金,但有的时候我也会感到身心疲惫。活得如此紧张的我终于在一次考试中马失前蹄,因为没有重视身体的健康问题,考试前一天我开始高烧不退,答题时整个人昏昏沉沉,恍恍惚惚,一根紧绷的弦终于断了。交完卷我一放松,险些摔倒,搀扶我的正是平素有些怕我的室友,室友圆眼红唇,是标准的江南水乡美人,说话温声细语,很是讨喜。我平日都是冷脸待人,但面对她时也会努力挤出一抹笑来。

这次生病是一个契机,只知道像机器般学习的我,被迫从知识的象牙塔中暂时走出来,喘几口气。

室友一脸崇拜地看着我,说我虽然是个女孩子,但

学起力学来毫不吃力。我本想反驳她，我的偶像郑晓静老师可是一位了不起的女性院士，她在力学上的造诣远超大多数人，再说了，文理学科，本就无须以性别来划分。

不过她也只是一句夸赞而已，为了转移话题，我问她为什么来了兰大，跋山涉水的，估计有什么远大目标吧。

室友赧然，她不过是刚达到分数线罢了。

我很惊讶，室友和我完全是两个极端，我独爱兰大的力学，从初中起，就只有它一个目标。室友除了力学似乎对什么都很有兴趣，来到兰大也只是随手填报了一个能考上的大学而已。

我以为她讨厌我们的学校，结果她却很喜欢兰大，她认为我们学校虽然看起来平凡普通，但其实也有独特的魅力，学校在力学方面实力很强，甚至可以说是所向披靡，在文化传承方面做得也相当不错，一些传统文化更是在这里生根发芽，愈开愈灿烂。

她刚来兰大的时候对藏语感兴趣，专门学了一段时间。后来听闻阿旺嘉措教授的事迹，又去研究了一段时间的苯教，她说要不是阿旺嘉措老师坚持研究，很多人都以为苯教源自佛教，是黑教。一个人在黑夜中行走是令人称赞的，而一个人在黑夜里攀登，更是令人敬畏。她惊叹连连，丝毫不吝惜那些赞美之词。我以为她同我一样找到了自己的人生偶像，谁知她却叹了口气，说："可惜我与苯教无缘啊！"

听她这样讲，我不禁笑了起来。她看到我笑，有些不好意思地说："虽然没有得到苯教的垂青，但我依旧对我们的文化爱得深沉！"

室友十分仰慕从事壁画及土遗址保护的王旭东先生，她对那些壁画有着说不清道不明的感情，为了宣传壁画文化，她还自学舞蹈，在舞蹈中融入壁画文化，并利用网络自媒体进行宣传。她还加入了我们学校的达尔文协会，积极参加关注月熊、护鲨行动、湿地保护等活动。

不知道为什么，每一件小事从她嘴里说出，都变得那么生动有趣。

"其实在环保这个问题上，个人的力量是有限的，但是只要我做了，他也跟着做了，就会有越来越多的人加入，保护和传承我们的传统文化也是一样的。"

她说正是因为自己参加了那么多活动，

## 开西北高等教育之先河

★ **兰州大学**

兰州大学创建于1909年，始为甘肃法政学堂，是中国西北地区第一个具有现代意义的高等学校。1928年，扩建为兰州中山大学。1946年，更名为国立兰州大学。2002年和2004年，甘肃省草原生态研究所、兰州医学院先后并入和回归兰州大学。在110多年的办学历程中，学校坚守在西部、奋斗为国家，走出了在经济欠发达地区创办中国特色、世界一流大学的奋进之路，42万余名校友以浓郁的家国情怀、独特的坚守奋斗，赢得了"基础扎实、知识面宽、勤奋实干"的美誉；也创造了化学"一门八院士"、地学"师生三代勇闯地球三极"、中科院"兰大军团"、隆基兰大合伙人等享誉国内外的"兰大现象"。

兰州大学是国家"985工程""211工程""双一流"建设高校，学校按照"兴文、厚理、拓工、精农、强医"的学科发展思路，着力构建"结构优化、布局合理、优势明显、特色突出"的学科体系和新型学科生态，涵盖了12个学科门类。学校图书馆有纸质文献360余万册（件）。截至2024年2月，学校有本科生2万余人，硕士研究生1.4万余人，博士研究生4600余人；有专、兼职教学科研人员3000多人，两院院士（含兼职）23人，"国家高层次人才特殊支持计划"领军人才、教学名师24人。

兰州大学有化学、大气科学、生态学、草学共4个"双一流"建设学科。学校设有全国（国家）重点实验室2个，国家野外科学观测研究站2个，国家地方联

她才能发现，一个人的力量可大可小。可以如阿旺嘉措老师和王旭东老师那般，做路上的指示牌，在风吹雨打中为他人指引方向，用个人的力量影响历史的发展。而我们，也可以成为这条路上的一块块砖石。

她的话让我感到非常意外，兰大不仅有力学，还有藏文化、敦煌文化等，而这位昔日在我眼中无忧无虑的可爱室友，她用着不同的方式爱着兰大，并且找到了一条属于自己的道路。

后来我和她一起加入了达尔文协会，在生活变得丰富多彩之后，学习在我这也成了一件轻松快乐的事。

合工程实验室 2 个，国家国际科技合作基地 5 个，省部共建协同创新中心 1 个，教育部重点实验室 6 个，教育部工程研究中心 6 个，教育部野外科学观测研究站 2 个，农业农村部重点实验室 1 个，国家林业和草原局工程技术研究中心 1 个等。

## 报考须知

### 🎓 生活在兰州大学：

作为录取通知书里会夹着一张免费牛肉面兑换券的学校，兰州大学可以说是"吃货的天堂"。兰州大学每个食堂都比较大。像榆中校区的芝兰苑一共有三层，一层供应各种面食和小吃，有浆水面、酿皮、炒拉条、大盘鸡裤带面、莜麦面……想要体验西北地区特色面食的学生千万不能错过；二层主要供应自选菜品，价格稍贵，味道也不错；三层是综合性的学生活动中心，设有阶梯演出大厅，有时候还会有话剧表演。

兰州大学的宿舍一般是四至六人间，部分宿舍是上床下桌的布局，有大阳台但没有独立卫浴。每层楼基本设有厕所和水房，水房内还有直饮水机、吹风机、洗衣机和烘干机等供学生使用。洗澡也非常方便，学生可以直接在宿舍楼内的浴室冲洗，带隔间的浴室设计有一定的隐秘性。每栋宿舍楼都设有自习室，晚上不会熄灯，有赶作业需求的同学能来这里挑灯夜读。

兰州大学有想象力导论、生态环境与

人类健康等许多既新奇好玩，又十分实用的选修课。很受学生欢迎的中国传统音乐文化美育赏析课更是把课堂变成了演奏会现场。另外国学社、文学社、动漫社、滑板社团等各种优秀社团也能为学生提供展示自己、结识同好的平台，像既能强身健体，又能学得格斗技术的跆拳道社近几年就受到了很多女同学的青睐。

### 第四轮教育部评定 A+ 学科：

草学。

### 学费标准：

哲学、历史学类专业为 5000 元 / 学年，经济学、法学、教育学、管理学、文学类专业为 5500 元 / 学年（文学类中中国语言文学类专业为 5000 元 / 学年），理学、工学、农学类专业为 5800 元 / 学年，医学类专业为 6200 元 / 学年，艺术类专业为 9000 元 / 学年，中外合作办学项目计算机科学与技术专业（数据科学方向）为 65000 元 / 学年，视觉传达设计专业（中外合作办学）、环境设计专业（中外合作办学）专业为 65000 元 / 学年（最终以物价部门的正式批复为准）。

### 住宿费用：

1200 元 / 学年。

### 录取规则：

不设专业志愿级差，以投档成绩为依据，由高分到低分排序，结合考生专业志愿填报情况依次安排专业。当进档考生填报的专业志愿均未满足时，对符合专业要求且服从专业调剂者，可录取到未满额的专业；对不服从专业调剂者，将予以退档。

对于内蒙古自治区考生实行"分数清"录取规则，即按投档成绩由高分到低分，结合考生专业志愿，择优安排专业。对于高考改革试点省（区、市），按照相应省（区、市）规定的投档规则录取；考生的投档成绩相同时，优先录取位次排序靠前的考生；排位相同或不区分排位时，同等条件下参考相关科目成绩，相关科目成绩比较顺序为语文、数学、外语成绩。对于其他省（区、市），同等条件下参考相关科目成绩，相关科目成绩比较顺序为语文、数学、外语成绩。

英语专业要求考生的外语语种为英语，俄语专业要求外语语种为英语或俄语，德语专业要求外语语种为英语或德语，日语专业要求外语语种为英语或日语，法语专业要求外语语种为英语或法语。

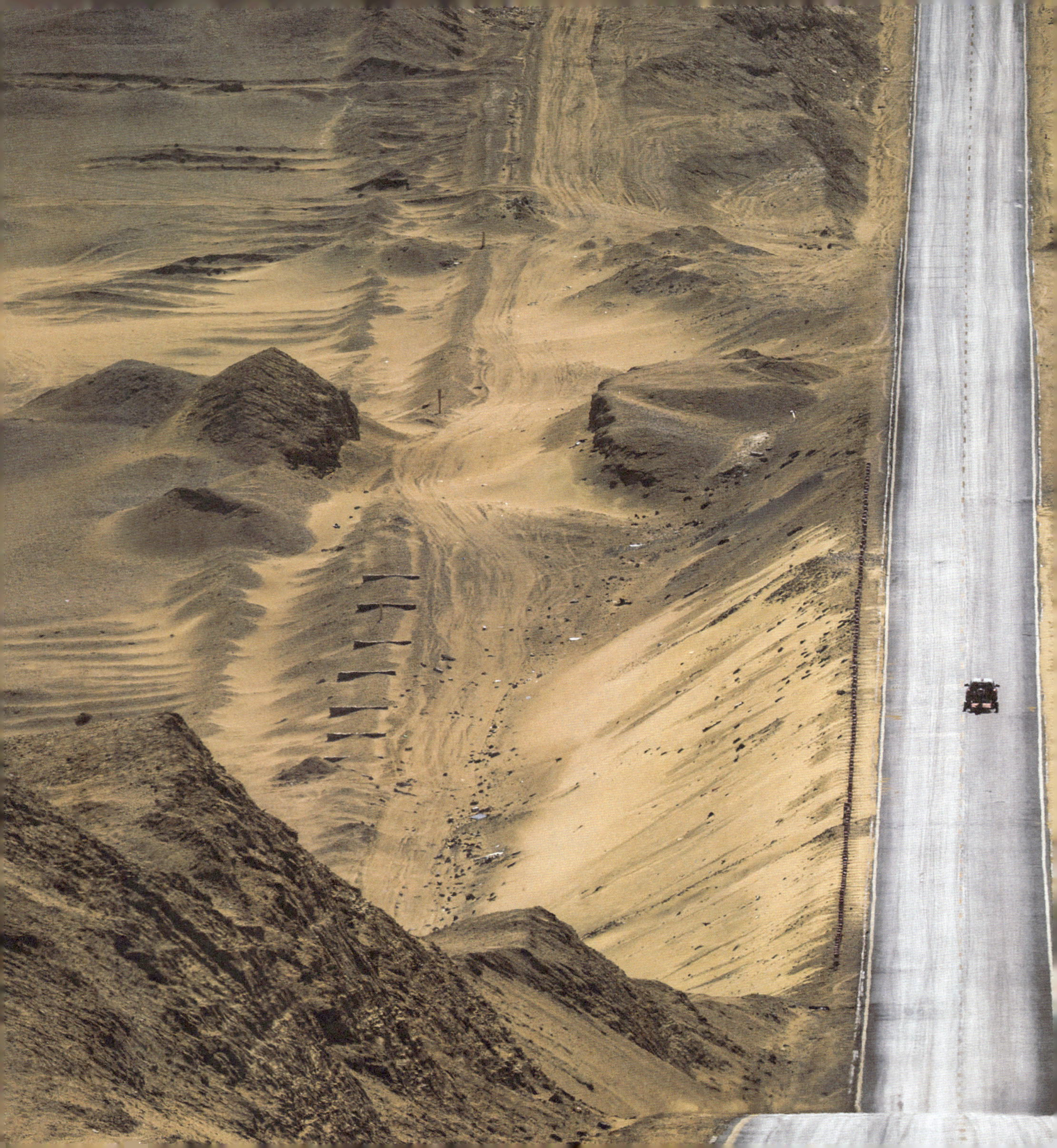

# 西宁

## XI NING

「校友印象」

QINGHAI UNIVERSITY

# 青海大学

## 青大的四季，惬意且自在

那年，我接到了青海大学的录取通知书。由于学校离家太远，父亲询问我的意见：去还是不去？

干吗不去呢？我早就听闻西宁的天空特别蓝，也很憧憬高原的风景，于是我就这样走进了青大。在青大的四年，我见识到了大自然的鬼斧神工与变幻莫测，对人生、对未来更充满了敬畏之心。

青大的秋天似乎来得更早，当老家还在炎炎烈日中，青大锦绣路上已经铺满了落叶。午后的阳光透过层层树叶洒下柔和的光，有明亮的黄色，也有艳丽的红色。我不禁在心中感叹大自然的神奇，竟能将这小小的落叶描画得如此五彩斑斓，让人忍不住弯下腰来，拾一两片完整的叶子，夹在崭新的书本中。

青大的冬天极为漫长。一到冬天，学校就变成了一个冰雪王国，南方老家并不多见的雪景在西宁漫长的冬季中变得稀松平常。片片似鹅毛的雪花飞舞而下，将往日的纤尘洗净，雪花落在梨树枝头，落在白杨树旁，堆积在松塔之上，覆盖还未被人走过的林荫小道。此刻，原本干燥的空气似乎变得湿润起来，看过如此独特的雪景之后，我再也不会觉得冬天寒冷无趣了。

青大的春天，短暂却充满生机，棠梨路两旁的梨花竞相绽放时，大家都忍不住掏出手机拍照留念，风吹过，花香沁人心脾。明朝才子唐伯虎以"雨打梨花深闭门，孤负青春，虚负青春"来寄托相思之情，但我从满校园怒放的梨花中品味到了憧憬与希望，也领悟到身为一名学子，要珍惜时光、奋发图强。

青大的夏天竟然是伴着雪一起来的，似乎才下过一场春雪，却又很快进入了夏季，与老家的炎热不同，青大十分凉爽，以至于回到老家的第一个夏天还未过完，我就开始想念青大夏季的凉爽了，时不时回味起那种"迟暮日不落，鸡鸣夜正央。神州火焰起，夏都独偷凉"的独特韵味，但此刻，也只能将其留存在记忆当中。

当然，在青大的四年，我感受到的并不仅仅是青大别样的四季，还有青大浓厚的人文氛围，"志比昆仑，学竞江河"是青大的校训，也是青大给予青大学子的精神力量。在青大的熏陶下，我也时刻谨记，即便离开了校园，也当志存高远，脚踏实地，不断向前。

# 志比昆仑，学竞江河

## ★ 青海大学

青海大学前身为青海工学院，始建于1958年。1960年11月青海工学院与青海农牧学院、青海医学院、青海财经学院合并为青海大学，"文革"初期青海大学被撤销。1971年恢复成立包括工、农两大学科在内的青海工农学院，1988年更名为青海大学。随着高校布局结构的调整，1997年10月青海畜牧兽医学院并入青海大学。2001年1月青海省农林科学院、青海省畜牧兽医科学院、青海财经职业技术学院整建制划归青海大学。2004年青海医学院并入青海大学，组建成新的青海大学。站在新的历史起点，学校秉承"志比昆仑，学竞江河"的校训，弘扬新青海精神，以立德树人为根本，以支撑创新驱动发展战略、服务经济社会发展为导向，努力把学校建设成为有特色、高水平的现代大学。

青海大学坐落于高原古城夏都西宁，是一所工、农、医、管、经、理、法等多学科协调发展的教学研究型大学，是国家"211工程""双一流"建设高校，有本科专业68个。学校占地3000余亩，图书馆有纸质文献180多万册。截至2023年12月，学校有全日制在校生2.5万多人，教职工5400多人。

第二轮"双一流"建设大学名单显示，青海大学的生态学已入选"双一流"建设学科。科研平台方面，学校有国家重点实验室等国字头实验室6个、国家野外科学观测研究站1个等。

## 报考须知

### 生活在青海大学：

青海大学有园丁餐厅、丁香园餐厅、清真餐厅、长悦餐厅等食堂。为了满足各地区学生的饮食需求，食堂开设了面食、快餐、风味小吃等窗口，而且会不定期上新菜品。除了平日里大家爱吃的火锅、麻辣烫、炒面、盖浇饭等食物，还有很多青海的特色小吃，例如青海酸奶、酿皮、焖羊肉、面片等。

青海大学的宿舍基本是四人间，也有部分是六人间，四人间是上床下桌布局，六人间是上下铺布局，比起六人间来说，四人间空间会大很多。每一间宿舍都配有桌子、椅子、电扇、衣柜等设施。大部分宿舍没有独立卫浴，不过每层楼会设置淋浴间，是隔间形式，刷卡就可以使用。另外，宿舍楼下也有自动售货机。由于青海大学地理位置特殊，所以宿舍冬天还会有暖气供应，生活上还是十分舒适的。

青海大学的选修课种类繁多，值得一提的是三江源生态选修课，开设这门选修课的目的是调动学生保护三江源的积极性，课程涉及三江源地质地貌、生物多样性、生态经济等内容，内容很有意义也十分有趣。社团方面，辩论社团、青年志愿者协会、散打社团、英语社团等应有尽有，大大丰富了学生的大学生活。

### 学费标准：

普通本科理工类专业为 4500～4800元/学年，农牧类专业为 3600元/学年，医学类专业为 4000～5200元/学年，经管类专业为 4100元/学年。第一学年后按所修学分分年度进行核算，应收的费用多退少补。

### 住宿费用：

600～1200元/学年。

### 录取规则：

对于普通类专业进档考生，学校按照专业志愿清（志愿优先）的原则确定专业（含未实行平行志愿模式进档考生的专业安排）。当考生填报的专业志愿均未被录取时，对服从专业调剂者，调剂到其未填报且学校未录满的专业；对不服从专业调剂者，学校将予以退档。

在调档和分配专业时，承认各省（区、市）根据教育部相关规定给予考生的政策性加分。若考生所在省（区、市）有相关录取排位（或投档排位）规则，则按该省（区、市）排位规则择优录取。考生高考成绩（含政策性加分）相同时，若考生所在省（区、市）无相关排位规则，或按该省（区、市）相关规则无法确定考生排位，则依次比较以下单科成绩，择优录取。实行文理分科省（区、市）的单科顺序：文史类为文科综合、语文、数学、外语，理工类为理科综合、数学、语文、外语；实行"3+3"选科模式省（区、市）的单科顺序：语文、数学、外语、第一高分选考科目、第二高分选考科目、第三高分选考科目；实行"3+1+2"选科模式省（区、市）的单科顺序：历史类为语文、数学、外语、首选科目、第一高分再选科目、第二高分再选科目，物理类为数学、语文、外语、首选科目、第一高分再选科目、第二高分再选科目。

护理学专业不招收无志愿男生。

藏医学、藏药学专业只招收民族语言（藏语）考生；学校公共外语课仅具备开设大学英语和大学日语课程相关条件，请其他语种的考生谨慎报考。

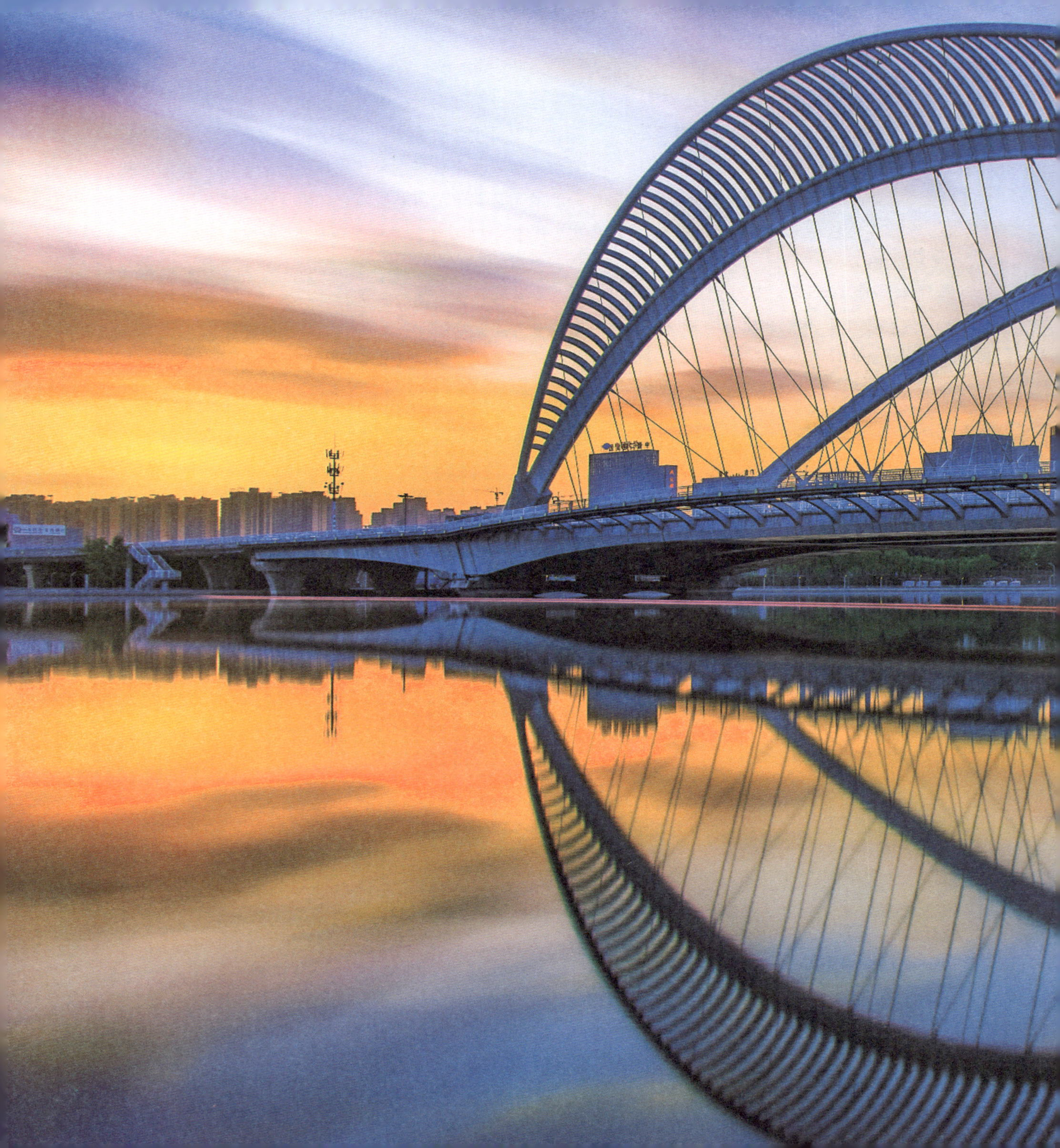

太原

TAI
YUAN

「校友印象」

TAIYUAN UNIVERSITY OF TECHNOLOGY

# 太原理工大学

## 三晋大地，
### 一枝独秀

来到太原理工大学求学之前，我对太原这座典型的北方城市是陌生的。我在这里生活和学习了四年之后，竟然对这座城市生出了深深的眷恋。

明向校区远离喧嚣的闹市，迎西校区文化底蕴深厚，这两个校区都是专心治学的好地方。而且，作为一所典型的理工科院校，这里的学习氛围很浓厚，图书馆里经常座无虚席，24小时自习室总是灯火通明，只要找一个阳光能照射到的台阶，大家就能坐下来读书。如果你在校园里见到行色匆匆的学子，甚至来不及和他们打招呼，那么他们很可能是要前往图书馆。即便是周末，很多人也会自觉地坐在教室里，对所学知识进行查漏补缺。如果你觉得上了大学后生活会和高三完全不同，那么来到这里你会发现，大学生活可能是高三生活的一种延续。

标准化的东西操场，仿佛在隔空相望。站在操场上，视野非常开阔，抬头望向天空，看着不同时段的云卷云舒，也是一种享受。大草坪宽阔平整，有时候微风吹拂，还会给人一种身处大草原的感觉，让人的思想也开始驰骋。偶尔倦了累了，我也会来这里待上一会儿，空气中充足的氧气也会让大脑立刻清醒。

紧张的学习之余，丰富的社团活动充实着我们的生活。如果你喜欢创作，想用不一样的方式来表达自我，那么一定不要错过三毛话剧社，这也是太原理工最经典的校园社团之一。每一场精彩的演出，都是集体智慧的体现，大家各司其职，才有了让人拍手叫好的表演。在创意市集上，大家运用超强的想象力，动手将自己的创意转化成各种可爱的小物件儿与同学互相交换，体会以物换物的原始快乐。虽然没有赚到钱，但大家都很满足。另外，我们学校很大，有时候，大家从东校区走到西校区会有种时空穿越的感觉。不过为了节约时间，我还是建议大家选择自行车作为代步工具。

同学们表达爱的方式很直接，中西广场的日晷背面，刻着密密麻麻的字，有的是对母校的祝福，有的是对同学的告白。日晷的存在无时无刻不提醒着大家，时光如梭，且行且珍惜。

太原理工这所百年老校，在三晋大地上一枝独秀，吸引着万千学子去追逐，去圆梦，他们将自己的命运和这片厚重的土地紧紧相连。从太原理工出发，步履不停，我们都用自己的方式奔跑在筑梦的道路上。

## 汾水之滨，煌煌学堂

### ★ 太原理工大学

太原理工大学的前身是创立于 1902 年的山西大学堂西学专斋，为中国创办最早的三所国立大学堂之一。120 多年来，学校始终秉承"求实、创新"的校训，坚持"以人为本、文体为舟、承载德智、全面发展"的办学传统，彰显"敢为人先、敢于竞争、勇于创新"的精神气质，涌现出一批学术大师、行业翘楚和道德楷模，如著名教育家赵宗复、"中国石油之父"孙健初、中国"前寒武纪地质学开拓者和奠基人"王曰伦、圆弧齿轮专家朱景梓、"煤化工科技领域的开拓者之一"谢克昌，深刻诠释着百廿老校"得天下英才以育之、育一代新人以报国"的崇高追求。

太原理工大学是国家"211 工程""双一流"建设高校。学校以工为主、理工结合、多学科协调发展，涵盖理学、工学、经济学、法学、教育学、文学、管理学、艺术学、历史学等 9 个门类，设有 26 个专业学院、2 个中外合作办学学院。学校占地超 3000 亩。截至 2023 年 7 月，学校有在校生 4.3 万余名，教职工近 4000 名。

第二轮"双一流"建设大学名单显示，太原理工大学的化学工程与技术已入选"双一流"建设学科。此外，学校还拥有 1 个省部共建国家重点实验室、5 个教育部重点实验室等科研平台。

## 报考须知

### 生活在太原理工大学：

太原理工大学美食众多，以明向校区食堂为例，清韵轩的葛辉饺子、兰州拉面、咖喱饭、石锅拌饭，静雅轩的鸡排饭、辣子鸡、鸡柳卷饼，宁馨轩的茶泡饭、多麦馅饼，等等，这些食物在学生中都颇受欢迎。此外，宁馨轩餐厅的装修很豪华，所以在饭点之余，这里总聚集着不少学生。

太原理工大学本科生宿舍是标准的四人间，带有独立卫浴、独立阳台、空调等，设施齐全。楼栋内也设置了商铺、公共浴室与热水房，生活十分便利。

太原理工大学的选修课种类丰富，有影视音乐欣赏、日语、法语、营销心理学、机器人制作技术基础等课程。学校有上百个学生社团，涵盖了思想政治、创新创业、语言文学、学术科技、体育运动、青春时尚、文化艺术、志愿公益等八大领域。

### 学费标准：

有 5100 元 / 学年、5500 元 / 学年、6000 元 / 学年、16000 元 / 学年、50000 元 / 学年等不同标准。

### 住宿费用：

1000 ~ 1200 元 / 学年。

### 录取规则：

普通类专业进档考生，学校按照考生高考投档成绩从高分到低分录取，不设专业间分数级差。投档成绩相同时按各省（区、市）确定的同分排序规则进行排序录取，无同分排序规则的批次参照所在省（区、市）本科普通批次执行。内蒙古自治区实行"招生计划 1 : 1 范围内按专业志愿排序录取"的录取规则。

采用平行志愿录取模式的省（区、市），考生专业志愿无法满足时，若服从专业调剂，则调剂到招生计划尚未完成的专业；若不服从专业调剂，则作退档处理。

飞行技术专业面向山西省招生，仅限理科，考生须提前经过民航招飞体检鉴定机构体检、背景调查合格后方可报考，并参加普通高等学校招生全国统一考试。录取时按当年教育部和民用航空局确定的录取标准执行，高考成绩须达到山西省本科一批录取分数线，英语单科成绩不低于 100 分。控制线上考生按投档成绩（含政策性加分）从高到低择优录取。投档成绩相同时，依照英语、数学、语文、理科综合顺序按成绩从高到低录取。

建筑学、城乡规划专业入学后要求加试美术，对于成绩不合格者，将根据学校转专业相关文件要求安排专业。

英语专业、飞行技术专业、中外合作办学专业只招收英语语种考生，其他专业不限外语语种。

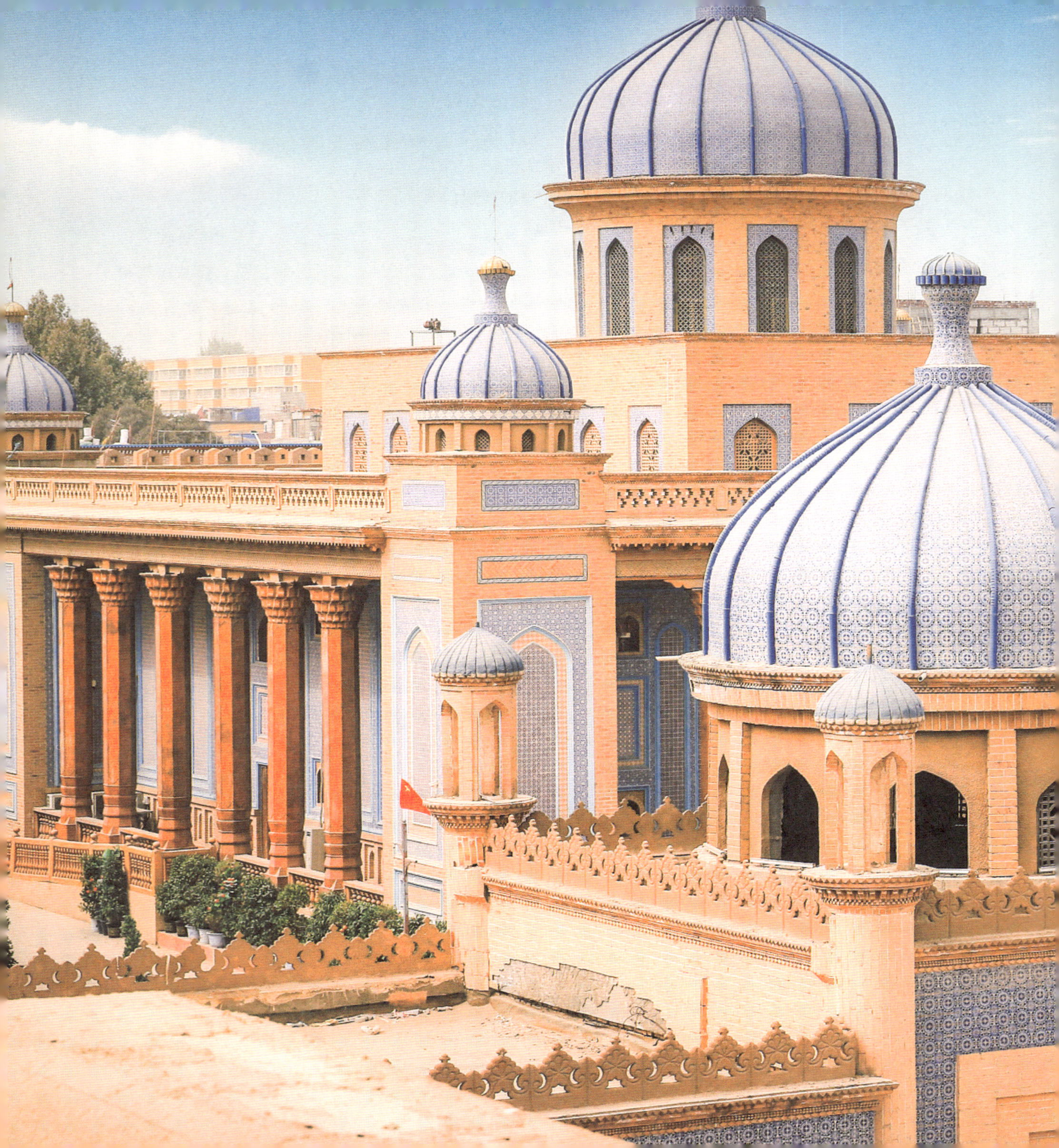

# 乌鲁木齐

WU LU MU QI

「校友印象」

XINJIANG UNIVERSITY

# 新疆大学

## 我那身在边陲
### 却风景瑰丽的母校

原本向往着去东南沿海城市念大学，但命运最终让我来到了新疆大学。说实话，来之前我心里是十分忐忑的，还以为这里出门只能靠骑马，吃住得在毡房。但到了之后我才知道，乌鲁木齐也是一座现代化的大城市，这里人多车多，交通也很便利。我的导师说：既来之，则安之。于是我开始适应这所地处西北荒漠的学校。

来到新疆大学，我的第一感觉就是这边的气候很干燥，等渐渐习惯了这种干燥后，我也慢慢地发现了学校的美。这里的天空很高很蓝，像碧玉一样澄澈，一朵朵云彩挨挨挤挤地漂浮在空中，让人好想冲到云层里打个滚儿，想来云层一定是软绵绵的。朝阳初升时路面上闪闪发光，像洒满了碎钻一样。如果天气好，中午从教学楼走出来就可以看到远处的山脉，看着这壮美的景色，学习了一上午所带来的疲劳也会很快散去。不过，我更喜欢傍晚时分的落日余晖，此时金粉色的晚霞铺满天空：如梦似幻，仿佛一幅色彩斑斓的油画，又有"大漠孤烟直，长河落日圆"的壮阔。

新疆大学的四季美得各有特点。新疆的春天往往来得很晚，也很短暂，就如李白诗中所描述的那样，"五月天山雪，无花只有寒"。但春天的到来似乎也只是一瞬间的事，这时万物复苏，校园里的草地上、红湖边处处都显得生机盎然，在烂漫的春色中，我们可以感受到"草树知春不久归，百般红紫斗芳菲"的热烈。夏季的校园，白天虽然炙热，但是夜间却比南方要凉爽得多。而且，这里有很多好吃又便宜的水果，如西瓜、哈密瓜、杏、葡萄、蟠桃等，这里还有各种传统节日，能让人更深刻地感受民族文化，体验民族风情。秋季，学校笼罩在一片金黄色之中，好不浪漫。不过我最喜欢的还是学校的冬景，鹅毛般的大雪满足了我对雪的所有想象，学校不仅有雾凇，地面也被同学们当成了天然的溜冰场，他们纷纷结成长队滑起了雪，这是我在南方不曾见到过的景象。

图书馆是新疆大学的标志性建筑，也是我待得最久的地方。图书馆恢宏大气，每到期末，图书馆总是座无虚席，这里见证了每一位同学的努力，我们也深深懂得，唯有用知识丰盈自己、武装自己，我们的人生之路才能行得稳走得远。

或许新疆大学并非我最初梦想中的大学，但经历了四季轮转之后，我已深深地爱上这里。

## 我们正青春年少

★ **新疆大学**

1924年,新疆大学的前身——新疆俄文法政专门学校创立,拉开了新疆高等教育的序幕。1935年,学校改建为新疆学院。抗日战争期间,共产党人俞秀松、林基路和爱国民主人士杜重远等先后到新疆学院主持工作,茅盾、张仲实、萨空了、赵丹等一批共产党人和进步人士来校任教或讲学,提出了"以民族为形式,以马列主义为内容"的教育思想,掀起了轰轰烈烈的抗日救国宣传活动,学校被誉为"抗大第二"。1950年,新疆学院更名为新疆民族学院;1954年,复名为新疆学院。在此基础之上,1960年,在北京大学、清华大学、西北大学等院校的支援下,学校改建为新疆大学。2000年,新疆大学与原新疆工学院合并组建为今日的新疆大学。

新疆大学是国家"211工程""双一流"建设高校,学校设有38个教学研究机构,12个公共服务及附属机构,覆盖哲学、经济学、法学、文学、历史学、理学、工学、管理学、艺术学等9个学科门类,涵盖了高级专门人才培养和科学研究的主要领域。新疆大学的占地面积为4700多亩,图书馆文献有上百万册,以少数民族文字为特色。学校有在校生3.8万余人,其中普通本科生2.2万余人、硕士研究生1.4万余人、博士研究生1300余人;有专任教师2000余人,中国工程院院士1名,入选国家级人才项目者95人,教育部"新世纪优秀人才支持计划"获资助者8人,中宣部文化名家暨四个一批人才(宣传思想文化青年英才)1人。

第二轮"双一流"建设大学名单显示,新疆大学的马克思主义理论、化学、计算机科学与技术已入选"双一流"建设学科。科研平台方面,学校有理工类省部级以上科研平台(团队)47个,其中,有1个科技部省部共建国家重点实验室、1个省部共建国家重点实验室培育基地、1个国际科技合作研究基地。

## 报考须知

### 生活在新疆大学：

说到新疆大学，必然少不了美食话题，三个校区数个食堂分民餐和汉餐两大类，以博达校区为例，这里有一个学生餐饮广场，西区有两层楼，带教职工食堂，平日里会有很多学生来这里吃饭，性价比很高；南北区各三层楼，北区额外有国际交流中心餐厅，是学生最爱去的地方，这里的食物价格实惠，几块钱就能买到三个菜，分量也足。另外，民族小吃也很有特色。

新疆大学的本科生宿舍一般为六人间，部分宿舍内配有专属衣柜、升降晾衣架、空调，部分宿舍有独立卫浴以及阳台。另外，新疆大学宿舍楼基本围绕教学楼、食堂、商店分布，生活上十分便利。

新疆大学的选修课程很丰富，有很多语言类的学习课程，例如维吾尔语入门、德语入门、法语入门、蒙古语入门等，想要多掌握几门语言的同学不容错过。另外，新疆大学的学生社团也不少，绿诺环协、文天文社团、兰亭国学社在学生中人气都比较高。以兰亭国学社为例，社团每周都会组织相关活动以进行国学知识的交流、探讨与学习，也会不定期邀请教授、学者来举办讲座，以及不定期在校内举办国学知识竞赛。

### 学费标准：

实行学年制收费与学分制收费相结合的收费政策。学年制学费收取标准：法学、英语、俄语、新闻传播学类、汉语国际教育专业为 3800 元 / 学年；设计学类专业为 6000 元 / 学年；软件工程专业为 9000 元 / 学年；文史类其他专业为 3100 元 / 学年，理工类其他专业为 3500 元 / 学年。新疆大学与对口支援学校联合培养学生在对口支援学校学习，这期间执行对口支援学校收费标准。

### 住宿费用：

800 ~ 1000 元 / 学年。

### 录取规则：

在处理考生专业志愿时设置专业（类）志愿级差，其标准为：1—2 专业（类）志愿级差为 2 分，2—3 专业（类）志愿级差为 1 分，其他专业（类）志愿级差为 0 分。高考改革省（区、市）不设专业（类）志愿级差。若考生生源所在省级招生考试管理部门明确规定专业志愿录取规则，新疆大学将按照相应规定进行招生录取。

对所有专业志愿都无法满足的考生，如果服从专业调剂，以投档成绩为依据，从高分至低分在未完成计划的专业限额内按照章程专业要求的录取条件进行专业调剂录取。对所有专业志愿都无法满足又不服从调剂的考生，作退档处理。

考生志愿级差等效成绩相同时，若考生生源所在省级招生考试管理部门规定招生考试成绩排序规则，新疆大学将按照相应规定进行招生录取；若生源所在省级招生考试管理部门未明确规定招生考试成绩排序规则，则按相关科目高考成绩排序。

在高考综合改革省（区、市），选考科目要求为"物理"的专业参考的相关科目高考成绩顺序依次为数学、语文、外语、物理成绩；选考科目为其他类型的专业依次参考数学、语文、外语成绩。其他省（区、市）参考的相关科目高考成绩顺序：文史类依次参考语文、文综、数学、外语或民族语文成绩，理工类依次参考数学、理综、语文、外语或民族语文成绩。

新疆大学所有专业公共课程中的外语为大学英语，请外语语种为非英语的考生慎重报考。报考英语专业、智能科学与技术专业的考生，高考外语语种须为英语；报考俄语专业的考生，高考外语语种须为英语或俄语。

报考英语、俄语、软件工程、数学与应用数学、信息与计算科学、统计学、数据科学与大数据技术、机械类（与西安交通大学机械工程专业联合培养）、电气工程及其自动化、智能科学与技术专业的考生高考单科成绩有具体要求，具体可参考新疆大学官网。

本作品中文简体版权由湖南人民出版社所有。
未经许可，不得翻印。

图书在版编目（CIP）数据

向往的大学 / 赵爱平主编. ——长沙：湖南人民出版社，2024.6
ISBN 978-7-5561-3536-3

Ⅰ．①向… Ⅱ．①赵… Ⅲ．①高等学校—介绍—中国 Ⅳ．①G649.28

中国国家版本馆CIP数据核字（2024）第087332号

# 向往的大学
XIANGWANG DE DAXUE

| | |
|---|---|
| 主　　编 | 赵爱平 |
| 出版统筹 | 陈　实 |
| 监　　制 | 傅钦伟 |
| 资源运营 | 湖南中教出版传媒有限公司 |
| 责任编辑 | 张玉洁　陈　实 |
| 特邀编辑 | 李珊珊 |
| 责任校对 | 张命乔 |
| 产品经理 | 冯紫薇 |
| 封面设计 | 陶迎紫 |

| | |
|---|---|
| 出版发行 | 湖南人民出版社［http://www.hnppp.com］ |
| 地　　址 | 长沙市营盘东路3号　　邮　　编　410005　　电　　话　0731-82683346 |
| 印　　刷 | 长沙鸿发印务实业有限公司 |
| 版　　次 | 2024年6月第1版 |
| 印　　次 | 2024年6月第1次印刷 |
| 开　　本 | 880 mm×1240 mm　1/24 |
| 印　　张 | 25.25 |
| 字　　数 | 605千字 |
| 书　　号 | ISBN 978-7-5561-3536-3 |
| 定　　价 | 98.00元（全二册） |

营销电话：0731-82221529（如发现印装质量问题请与出版社调换）